21世纪大学俄语系列教材

俄汉对照
缤纷俄语阅读

总主编　王加兴

本册主编　黄玫　王加兴

北京大学出版社
PEKING UNIVERSITY PRESS

图书在版编目（CIP）数据

俄汉对照·缤纷俄语阅读.3 / 黄玫，王加兴主编. —北京：北京大学出版社，2015.3
（21世纪大学俄语系列教材）
ISBN 978-7-301-25549-0

Ⅰ.①俄…　Ⅱ.①黄…②王…　Ⅲ.①俄语–阅读教学–高等学校–教材　Ⅳ.①H359.4

中国版本图书馆CIP数据核字（2015）第035643号

书　　　名	俄汉对照·缤纷俄语阅读3
著作责任者	丛书总主编　王加兴
	本册主编　黄　玫　王加兴
责任编辑	李　哲
标准书号	ISBN 978-7-301-25549-0
出版发行	北京大学出版社
地　　址	北京市海淀区成府路205号　100871
网　　址	http://www.pup.cn　新浪微博：@北京大学出版社
电子信箱	pup_russian@163.com
电　　话	邮购部 62752015　发行部 62750672　编辑部 62759634
印刷者	北京大学印刷厂
经销者	新华书店
	787毫米×1092毫米　16开本　4印张　100千字
	2015年3月第1版　2015年3月第1次印刷
定　　价	25.00元

未经许可，不得以任何方式复制或抄袭本书之部分或全部内容。
版权所有，侵权必究
举报电话：010-62752024　电子信箱：fd@pup.pku.edu.cn
图书如有印装质量问题，请与出版部联系，电话：010-62756370

前 言
ПРЕДИСЛОВИЕ

近年来，互联网的普及为俄语学习者提供了极大的便利条件，包括文字、图片和视频在内的各种电子版俄文材料应有尽有，"唾手可得"。然而，针对零起点的初学者而言，他们所掌握的俄语词汇量和语法知识毕竟十分有限，因此难以享受到这一便利条件。另一方面，由于种种原因，我们国内很少出版供俄语初学者使用的课外读物。北京大学出版社推出的这套《俄汉对照·缤纷俄语阅读》为广大的俄语初学者解决了燃眉之急。

本读物是为高校俄语专业基础阶段的学生以及具有同等水平的俄语学习者而编写的初级读物，第一册供一年级学生使用，第二、三、四册则供二年级学生阅读。

本读物题材较为广泛，涉及《高等学校俄语专业教学大纲》（第二版）所指定的基础阶段教学内容的各项题材，如家庭、婚姻、学习、餐饮、交通、名人、城市、体育运动、经济、文化生活等。所选短文都以浅显易懂、纯正地道的现代俄语写成。课文体裁多样，第一册以生动有趣的小故事为主，辅之以笑话、记叙文、人物采访等；第二、三、四册的课文则大都为新闻报道和随笔杂文，具有时效性。我们希望本读物有助于激发读者的俄语阅读兴趣，有助于读者在轻松愉快中提高俄语阅读能力，养成良好的俄语阅读习惯。在课文选材方面，除了知识性和趣味性，我们还特别注重人文性，我们希望学生在阅读中积淀人文素养，体验人文情怀。

每一册按题材分为八课，每一课由同一题材的三篇短文组成。每篇短文的生词率平均为4%左右。我们采用在阅读文章边栏标注生词的形式，以方便学生阅读；此外，还用脚注的方式，对短文中的词汇、语法等语言难点，以及重要的人名、地名进行解释，一方面可以适当降低阅读难度，另一方面又可以增加读者对俄罗斯国情文化知识的了解。

本读物所选文章短小精悍，适合业余时间阅读学习。

特别要感谢在我校工作的两位俄籍教师娜·阿·科瓦廖娃（Наталья Анатольевна Ковалёва）和尼·列·韦尔图诺娃（Нина Леонидовна Вертунова），她们对本读物的一部分课文做了必要的文字处理。

王加兴
2014年6月1日于南京大学仙林校区和园

略语表
УСЛОВНЫЕ СОКРАЩЕНИЯ

вводн. — вво́дное (сло́во)	插入语
высок. — высо́кое (сло́во)	高雅语
ж. — же́нский (род)	阴性
книжн. — кни́жное (сло́во)	书面语
м. — мужско́й (род)	阳性
мн. — мно́жественное (число́)	复数
наре́ч. — наре́чие	副词
несов. — несоверше́нный (вид)	未完成体
офиц. — официа́льное (сло́во)	公文用语
предл. — предло́г	前置词
разг. — разгово́рное (сло́во)	口语
сов. — соверше́нный (вид)	完成体
спец. — специа́льное (сло́во)	专业用语
ср. — сре́дний (род)	中性
юрид. — юриди́ческий (те́рмин)	法律用语
устар. — устаре́лое (сло́во)	旧词

目 录
ОГЛАВЛЕНИЕ

УРОК 1 КАК ПОЛУЧИТЬ СТИПЕНДИЮ? / 1
如何获得奖（助）学金 / 1
Текст 1 Право на получение стипендии / 2
课文一 获得奖（助）学金的权利 / 3
Текст 2 Стипендия в 2012 – 2013 учебном году / 4
课文二 2012-2013学年奖学金 / 5
Текст 3 Виды стипендий для студентов / 6
课文三 大学生奖（助）学金的种类 / 8

УРОК 2 СПОРТ И ПОЛИТИКА / 9
体育与政治 / 9
Текст 1 Россия организовала зоны протеста в Сочи-2014 / 10
课文一 俄罗斯在2014年索契冬奥会期间设立抗议区 / 11
Текст 2 Западные СМИ: «Мы не должны бойкотировать Олимпиаду в Сочи из-за Эдварда Сноудена» (1) / 12
课文二 西方媒体："我们不应因斯诺登而抵制索契奥运会"（一）/ 13
Текст 3 Западные СМИ: «Мы не должны бойкотировать Олимпиаду в Сочи из-за Эдварда Сноудена» (2) / 14
课文三 西方媒体："我们不应因斯诺登而抵制索契奥运会"（二）/ 15

УРОК 3 КАК РАЗВИВАЕТСЯ СТОЛИЧНЫЙ МЕТРОПОЛИТЕН / 17
首都地铁是如何发展的？ / 17
Текст 1 По темпам развития метрополитена Москва впереди планеты всей / 18
课文一 莫斯科地铁发展速度领先全球 / 19
Текст 2 «К качеству работ мы применили более строгие требования» / 20
课文二 "我们采用了更加严格的工程质量标准" / 21
Текст 3 К 2020 году 90% москвичей будет проживать в зоне пешей доступности метрополитена / 22
课文三 到2020年90%的莫斯科人将居住在离地铁几步之遥的地区 / 22

УРОК 4 О ВЫЗОВЕ СКОРОЙ МЕДИЦИНСКОЙ ПОМОЩИ / 23
（如何）呼叫医疗急救车 / 23
Текст 1 Как вызвать скорую помощь с мобильного телефона? / 24
课文一 如何用手机呼叫急救车？ / 25

Текст 2 Если «скорая» не спешит на помощь или отказывается выезжать на вызов? / 26
课文二 万一急救车没有及时赶往救助或拒绝出车呢？/ 27
Текст 3 Каковы правила вызова скорой медицинской помощи? / 28
课文三 医疗急救车呼叫须知 / 28

УРОК 5 ОБНОВЛЕНИЕ БИЛЕТНОГО МЕНЮ НА ОБЩЕСТВЕННЫЙ ТРАНСПОРТ В МОСКВЕ / 29
莫斯科公共交通票制改革 / 29
Текст 1 Первый и второй этап обновления / 30
课文一 改革的第一和第二阶段 / 30
Текст 2 Округление стоимости и самый выгодный билет / 31
课文二 票价取整和最合算的车票 / 32
Текст 3 Электронный кошелёк и билет «90 минут» / 33
课文三 电子钱包和"90分钟"车票 / 34

УРОК 6 ПЯТЬ НАИБОЛЕЕ ЦЕННЫХ ПРОФЕССИЙ В 2014 ГОДУ / 35
2014年最吃香的5大职业 / 35
Текст 1 Некоторые специальности остаются актуальными долгое время / 36
课文一 某些专业将会长期处于紧俏状态 / 37
Текст 2 Какие профессии будут наиболее нужными? / 38
课文二 （未来一年）最需要哪些职业？/ 39
Текст 3 Эксперт даёт некоторые советы для студентов / 40
课文三 专家对大学生提出几点建议 / 41

УРОК 7 ШУМЯТ СОСЕДИ. ЧТО ДЕЛАТЬ? / 43
邻居发出噪声，怎么办？/ 43
Текст 1 Первые шаги в борьбе за тишину / 44
课文一 争取安静（权）的最初步骤 / 45
Текст 2 Последние шаги в борьбе за тишину / 46
课文二 争取安静（权）的最后措施 / 47
Текст 3 Когда шуметь нельзя? / 48
课文三 什么时候不能发出噪声？/ 50

УРОК 8 ДОХОДЫ И ЛЬГОТЫ ВЫСОКОПОСТАВЛЕННЫХ ЧИНОВНИКОВ / 51
高层官员的收入及（享有的）优待 / 51
Текст 1 Доходы Кремля и Белого дома / 52
课文一 克里姆林宫和白宫官员的收入 / 54
Текст 2 Федеральный закон о государственной охране / 56
课文二 （俄）联邦国家保卫法 / 57
Текст 3 Льготы бывших высокопоставленных чиновников в России и других странах мира / 58
课文三 俄罗斯及其他国家前任高官（所享有）的优待 / 58

УРОК 1

КАК ПОЛУЧИТЬ СТИПЕНДИЮ?
如何获得奖（助）学金？

стипе́ндия 奖（助）学金

Текст 1   Право на получение стипендии

Студенты вузов имеют возможность получать стипендии нескольких типов. Бо́льшая часть студентов получают академическую стипендию[1], которую на протяжении[2] семестра выплачивают в соответствии с[3] результатами последней сессии. Учащийся, получающий стипендию, на первом курсе в первом семестре обычно получает минимальную стипендию, предусмотренную законом.

выпла́чивать несов./ вы́платить сов. 支付，发放
минима́льный 最小（最低）限度的
предусмотре́ть сов./ предусма́тривать несов. 规定
да́нный 这个，此，该
единовре́менный 一次的

Также студент может получать социальную стипендию в том случае, если[4] он нуждается. Отдельные студенты могут получать почётную стипендию. Данный тип стипендии обычно выплачивают определённые органы — Правительство, Учёный совет[5].

Если по окончании[6] учёбы студент обязан выйти на работу на определённом предприятии, во время учёбы он может получать стипендию предприятия. Стипендией также считают единовременную материальную помощь[7]. Её выплачивают по требованию студента раз за семестр.

То, какую получают стипендию студенты, в определённой мере[8] зависит от них самих, так как стипендии присуждаются за различные действия, достижения или в разных обстоятельствах. Именно поэтому важно знать, как получить стипендию определённого типа, так как часто студенты упускают свои возможности только потому, что ничего не знают о них.

---

[1] академи́ческая стипе́ндия（国家发放的）学业优秀奖学金
[2] на протяже́нии чего́ 在……期间内
[3] в соотве́тствии с чем 依照，与……相适应
[4] в слу́чае, е́сли 如果，假如……的话，一旦
[5] Учёный сове́т 学术委员会
[6] по оконча́нии 在……结束后，在……之后
[7] счита́ть кого́-что кем-чем 认为，以为，当做是
[8] в определённой ме́ре 在一定程度上

课文一　获得奖（助）学金的权利

　　高校大学生有可能获得几种类型的奖（助）学金，大部分学生可获得学业优秀奖学金，这种奖学金根据期末考试成绩每学期发放。申请该项奖学金的一年级学生在第一学期通常可获得法律规定的最低额度。

　　如果有需要，大学生还可以获得社会奖（助）学金。个别学生可以获得荣誉奖学金。此类奖学金通常由政府和学术委员会等特定机构发放。

　　如果学生毕业后须到指定企业工作，则学习期间该学生可以获得企业奖学金。此类奖学金也是算作一次性资助，按学生要求每学期发放一次。

　　大学生获得何种奖（助）学金，在一定程度上取决于他们自己，因为奖（助）学金的评定依据为（他们所参加的）各类活动、（所取得的）各种成就，及其各种（实际）情况。正因如此，对如何获得某一类型的奖（助）学金做一番了解就显得很重要，因为经常有学生由于完全不了解情况而错过了获得奖（助）学金的机会。

Текст 2 ## Стипе́ндия в 2012 – 2013 уче́бном году́

Сего́дня в РФ существу́ет о́коло 15 ви́дов расчёта су́ммы стипе́ндии, начисля́емой студе́нтам и аспира́нтам. Коне́чно, разме́р стипе́ндий не позволя́ет студе́нту чу́вствовать себя́ обеспе́ченным челове́ком, но е́сли уча́щийся име́ет определённое пра́во на не́сколько ти́пов стипе́ндии, о́бщая су́мма его́ дохо́да мо́жет составля́ть приблизи́тельно 20 ты́сяч рубле́й.

Минима́льная стипе́ндия в Росси́и составля́ет 1200 рубле́й — э́то госуда́рственная, академи́ческая вы́плата, максима́льная же составля́ет 6 ты́сяч рубле́й. После́днюю стипе́ндию мо́гут получа́ть студе́нты, уча́щиеся без тро́ек.

Для хорошо́ уча́щихся студе́нтов предусмо́трена стипе́ндия повы́шенная — от 5 ты́сяч рубле́й до 7 ты́сяч, для уча́щихся в аспи-ранту́ре её разме́р состои́т от 11 ты́сяч рубле́й до 14 ты́сяч.

расчёт 结算；计算
начисля́ть несов. / начи́слить сов., офиц. （额外）加算
приорите́тный 有优先权的
заинтересо́ванный 对……关心的，对……感兴趣的

Госуда́рственная социа́льная стипе́ндия, на 2012 – 2013 уче́бный год, выпла́чивается в разме́ре от 1650 рубле́й до 15 ты́сяч.

Стипе́ндия Президе́нта РФ и Прави́тельства РФ для хорошо́ уча́щихся студе́нтов составля́ет от 1400 до 2200 рубле́й, су́мма для аспира́нтов — от 3600 рубле́й до 4500 рубле́й.

Так же существу́ет и специа́льная стипе́ндия от Президе́нта РФ и стипе́ндия Прави́тельства РФ, выпла́чиваемая тем студе́нтам, кото́рые прохо́дят обуче́ние на са́мых приорите́тных для госуда́рства специа́льностях: эконо́мика, модерниза́ция. Су́мма вы́плат составля́ет от 5 ты́сяч рубле́й до 7 ты́сяч.

Сде́лаем вы́вод: е́сли вы заинтересо́ваны в[1] своём успе́шном обуче́нии, э́то мо́жет быть и вознаграждено́ рублём: чем лу́чше обуча́етесь, тем[2] бо́льше мо́жете получи́ть вы́плат по стипе́ндиям.

---

[1] кто заинтересо́ван в чём （某人）关心……，（某人）与……有利害关系
[2] чем..., тем... 越……越……（两个分句中都使用形容词或副词比较级）。

课文二　2012—2013学年奖学金

目前，俄罗斯联邦大约有15种奖（助）学金款项的结算方式。这笔款项是额外划拨给大学生和研究生的。当然，奖学金的额度并不足以让大学生感到自己衣食无忧，但如果一个大学生有特定的权利可以享受数种奖（助）学金，那么此项收入的总额便可达到2万卢布左右。

在俄罗斯，最低额度的奖（助）学金为1200卢布，是由国家发放的学业优秀奖学金，而（该项奖学金的）最高额度为6000卢布。后一种额度的奖学金，成绩优良的大学生方可获得。

针对学习好的大学生专门设有高级奖学金，额度为5000至7000卢布；该项奖学金发给（副博士）研究生的额度为11000至14000卢布。

由国家发放的2012—2013学年度社会奖（助）学金的额度为1650至15000卢布。

俄联邦总统和俄联邦政府奖学金发放给成绩优良的大学生的额度为1400至2200卢布，发放给（副博士）研究生的额度则为3600至4500卢布。

针对学习国家最优先发展的经济和现代化（这两个）专业的大学生，还设有俄联邦总统特别奖学金和俄联邦政府特别奖学金，发放金额为5000至7000卢布。

我们得出如下结论：如果你对顺利完成学业（这件事情）十分在意，那么由此获得的报偿也可能包括卢布，而且学习越好，所获得的奖学金数额就越大。

Текст 3   Ви́ды стипе́ндий для студе́нтов

Повы́шенная стипе́ндия

Про́ще всего́ для любо́го студе́нта вме́сто обы́чной стипе́ндии получа́ть повы́шенную. То, как получи́ть повы́шенную стипе́ндию, мо́жет зави́сеть от ка́ждого конкре́тного ву́за. Тем не ме́нее❶, есть ряд о́бщих пра́вил для студе́нтов ву́зов.

В пе́рвую о́чередь❷ ну́жно быть студе́нтом очно́й фо́рмы обуче́ния. Ни зао́чники, ни студе́нты вече́рней фо́рмы обуче́ния не мо́гут получа́ть повы́шенную стипе́ндию. Поня́тно, что то́лько студе́нты, уча́щиеся за счёт федера́льного бюдже́та❸, мо́гут, в при́нципе❹, получа́ть стипе́ндию, не говоря́ уже́ о повы́шенной.

Поско́льку повы́шенную стипе́ндию выпла́чивают на основа́нии❺ успева́емости студе́нта, необходи́мо получи́ть хоро́шие отме́тки на се́ссии. Так се́ссия, в зави́симости от❻ ву́за, мо́жет быть закры́той то́лько на пятёрки, ли́бо мо́жет допуска́ться одна́ четвёрка. Ва́жным фа́ктором та́кже явля́ется вре́мя закры́тия се́ссии, так как все экза́мены должны́ быть сда́ны с пе́рвого ра́за❼.

Для получе́ния повы́шенной стипе́ндии не ну́жно заполня́ть никаки́е докуме́нты и подава́ть заявле́ния.

Социа́льная стипе́ндия

Социа́льная стипе́ндия выпла́чивается тем студе́нтам, кото́рые нужда́ются в фина́нсовой по́мощи. К таки́м студе́нтам мо́гут относи́ться:
- Де́ти-сиро́ты, а та́кже оста́вшиеся без❽ роди́тельского попече́ния.
- Студе́нты I и II групп инвали́дности.

федера́льный 联邦的
бюдже́т 预算
поско́льку *союз* 既然，因为
фа́ктор 因素
фина́нсовый 财政的
попече́ние 照管；抚养
инвали́дность 残废

---

❶ тем не ме́нее（虽然如此）但仍……，然而
❷ в пе́рвую о́чередь 首先
❸ за счёт *кого-чего* 用……的钱，由……出钱，由……来承担费用
❹ в при́нципе 原则上，总体上，基本上
❺ на основа́нии *чего* 以……为基础，基于，依据
❻ в зави́симости от *кого-чего* 取决于……
❼ 俄罗斯高校的课程考试基本采用口试形式。从理论上说，如果学生对第一次考试的成绩不满意，那么他/她还有两次重考的机会。
❽ оста́ться без *кого-чего* 失去，没有……

• Пострадавшие в результате⁹ радиационных катастроф, в частности¹⁰, от аварии на Чернобыльской АЭС¹¹.

• Ветераны и инвалиды боевых действий.

Студент, относящийся к одной из вышеперечисленных категорий, должен собрать пакет документов, который подаётся в орган социальной защиты. Подать нужно:

• Справку о составе семьи.

• Справку о доходах для каждого члена семьи.

• Справку о стипендии.

• Справку об обучении в учебном заведении.

• Другие справки при необходимости.

На основании полученных документов орган социальной защиты выдаёт справку, которую нужно подать в стипендиальную комиссию вуза.

Президентская стипендия

Данный вид стипендии может выплачиваться талантливым студентам. Для получения президентской стипендии необходимо, минимум, два семестра подряд закрывать сессию только с пятёрками, быть призёром либо победителем различных конкурсов и олимпиад, иметь публикации в научных изданиях, иметь гранты и награды за научно-исследовательскую деятельность. При этом первый критерий обязателен для выполнения, а остальные – опционально.

радиационный 辐射的
катастрофа 灾难，惨祸
категория 种类，范畴
пакет 一系列，一揽子；纸袋
справка 证明
доход 收入
комиссия 委员会
подряд *нареч.* 一连，连续
призёр （竞赛的）得奖者
публикация 发表（或出版）的作品
грант （科研项目的）资助
критерий 标准
опционально 任选，可选择地

⑨ в результате *чего* 因为，由于
⑩ в частности 其中包括，特别是
⑪ АЭС — атомная электростанция 核电站

课文三　大学生奖（助）学金的种类

高级奖学金

如能拿到高级奖学金，就不拿普通奖学金，对于任何一位大学生来说，这是再简单不过的道理了。如何获得高级奖学金，取决于每一所具体的院校。尽管如此，对于高校大学生仍有一系列共同的原则。

首先，应为全日制大学生。无论是函授生，还是夜校生都不能获得高级奖学金。既然原则上只有由联邦预算资助的大学生才能获得奖学金，那么不言而喻，高级奖学金则更应如此。

由于高级奖学金是根据学生成绩发放的，因此各门考试都需要取得好成绩。对于考试成绩（的要求），各院校不尽相同，可能要求所有科目都是"优"，也可能允许有一个"良"。还有一个重要因素为通过考试的时间，因为所有考试均应一次性通过。

获得高级奖学金无需填写任何表格，也不需要递交申请。

社会奖（助）学金

社会奖（助）学金发放给那些需要资助的大学生，这类大学生包括：

- 孤儿以及无父母照管者；
- 一、二级残疾大学生；
- 放射性灾难（其中包括切尔诺贝利核电站事故）的受害者；
- 老兵和因战伤残人员。

属于上述类别之一的大学生应备齐一系列文件，并提交社会保障机构。需提交：

- 家庭成员证明；
- 每位家庭成员的收入证明；
- 奖（助）学金证明；
- 在校学习证明；
- 其他必需的证明材料。

社会保障机构根据所收到的文件开具相关证明，（以供申请人）提交给高校奖学金委员会。

总统奖学金

这种奖学金颁发给有才华的大学生。要获得总统奖学金至少需要连续2个学期的考试成绩全优，是各类比赛和奥林匹克竞赛的获奖者或优胜者，在学术刊物上发表文章，获得科学研究活动的项目资助和奖励等。其中，第一项标准是必须完成的，而其他标准则可以任选（一项）。

УРОК 2

СПОРТ И ПОЛИТИКА
体育与政治

Текст 1 Россия организовала зóны протéста в Сóчи-2014

В Сóчи появятся зóны, в котóрых любóй желáющий во врéмя Олимпиáды в февралé 2014 гóда смóжет вы́разить своё несоглáсие с полúтикой властéй Российской Федерáции. Об э́том объявúл Международный олимпúйский комитéт (МОК). «Мы привéтствуем решéние сóчинского организациóнного комитéта о том, что в гóроде бу́дут протéстные зóны. Они́ бу́дут организóваны для тех людéй, котóрые захотя́т вы́разить прóтив чегó-то протéст».

Рáнее президéнт РФ подписáл укáз, соглáсно котóрому демонстрáции, не свя́занные с Олимпиáдой, в местáх проведéния игр бу́дут запрещены́. При э́том[1] на олимпúйских территóриях бу́дут дéйствовать осóбый режúм и усúленные мéры безопáсности.

зóна 地带，区域
укáз（国家元首或行政机关的）命令
áкция книжн. 举动，行动
ссылáться несов. 援引，引证(……的话)
хáртия книжн. 宪章
религиóзный 宗教的
рáсовый 种族的
объéкт 设施，工程；对象

Покá не я́сно, какúм óбразом мóжно бу́дет воспóльзоваться э́тими зóнами, учúтывая, что МОК утвердúл текст официáльного обращéния к атлéтам не проводúть политúческих áкций во врéмя Олимпиáды.

Как ожидáется[2], обращéние бу́дет пéредано во все национáльные Олимпúйские комитéты стран-учáстниц. При э́том МОК ссылáется на 50-ю статью́ Олимпúйской хáртии, в котóрой сообщáется, что в местáх проведéния Игр пропагáнда политúческого, религиóзного и рáсового харáктера запрещенá.

Напóмним, во врéмя Олимпиáды в Пекúне 2008 гóда в гóроде тáкже бы́ли организóваны протéстные зóны. Но, как показáла прáктика, воспóльзоваться úми протесту́ющие так и не смоглú. Эти зóны бы́ли размещены́ далекó от спортúвных объéктов. Крóме тогó[3], мнóгих на территóрию прóсто не пропускáли.

Стóит отмéтить, что нéкоторые спортсмéны ужé вы́разили желáние организовáть во врéмя Игр в Сóчи áкции протéста. Они́ бу́дут напрáвлены прóтив сéрии закóнов, при́нятых недáвно российскими властя́ми, котóрые, по мнéнию правозащúтников, ограничúвают правá и свобóды российских грáждан.

[1] при э́том 并且，同时
[2] как ожидáется 预计
[3] крóме тогó 此外

课文一 俄罗斯在2014年索契冬奥会期间设立抗议区

国际奥委会宣布，在2014年二月奥运会期间，索契将设立一些区域，任何人都可以在此表达自己对俄罗斯联邦当局所实行政策的不满。"我们欢迎索契组委会所做出的关于在市内设立抗议区的决定。这些抗议区将为那些希望表达某种抗议的人们而设。"

此前，俄罗斯总统签署了一份命令，据此，将禁止在运动会举办地点举行与奥运会无关的游行示威活动。而且，在奥运会举办地将实施特别制度并加强安保措施。

鉴于国际奥委会已批准了向运动员发出的在奥运会期间不举行政治活动的正式呼吁书，暂不清楚，将如何使用这些区域。

预计，这一呼吁书将转发所有参与方的国家奥委会。国际奥委会援引奥林匹克宪章第50条对此加以解释。该条指出，禁止在奥运会举办地进行带有政治、宗教和种族性质的宣传活动。

需要提及的是，2008年北京奥运会期间，市内也设立了抗议区。但是，实践表明，抗议者最终并未能加以利用。因为这些区域位于远离体育设施的地方，而且，其实有不少人是被禁止入内的。

值得指出的是，一些运动员已经表达了在索契奥运会期间举行抗议活动的愿望，他们将抗议俄罗斯当局不久前通过的一系列法律。有关维权人士认为，这些法律限制了俄罗斯公民的权利和自由。

Текст 2 — Западные СМИ[1]: «Мы не должны бойкотировать Олимпиаду в Сочи из-за Эдварда Сноудена» (1)

Предложение сенатора-республиканца Линдси Грэма бойкотировать Олимпиаду в Сочи в случае, если[2] Россия предоставит убежище Эдварду Сноудену, вызвало бурную реакцию в англоязычной прессе.

бойкотировать сов. и несов. 抵制
сенатор 参议员
убежище 避难
реакция 反应，反响
пресса 报刊；报界
эффективный 有效的
гонение 压制，排挤
оппозиция 反对派
некоммерческий 非商业的
гомосексуализм 同性恋
усыновление 收养
последствие 后果
противостояние 对抗

Это откровенно неудачная идея, считает журналист Foreign Policy Джошуа Китинг.

Бойкот Олимпиады-1980 в Москве стал победой советской пропаганды и предлогом для ответного бойкота летних Игр 1984 года в Лос-Анджелесе, говорится в статье. Бойкот сочинских Игр едва будет более эффективным. Также, учитывая, сколько денег американские компании вложили в подготовку мероприятия, он едва состоится.

Однако, если представить, что бойкот Олимпиады всё же возможен, то следует отметить, что существуют гораздо более серьёзные причины не пустить олимпийскую команду США на соревнования в Россию, чем спор о выдаче Сноудена, подчёркивает автор.

По мнению Китинга, к таким причинам относятся гонения на оппозицию, давление на некоммерческие организации, нарушение прав человека на Северном Кавказе, закон о запрете пропаганды гомосексуализма и запрет на усыновление российских сирот гражданами США.

Причины и последствия бойкотов запомнились гораздо хуже, чем великие олимпийские противостояния советских и американских спортсменов, как, например, игра за золотые медали по баскетболу в 1972 году или «Чудо на льду»[3] 1980 года, пишут Артур Каплан и Ли Айджел из Нью-Йоркского университета.

---

[1] СМИ — средства массовой информации 大众传媒
[2] в случае, если... 如果，假如……的话，一旦
[3] Чудо на льду 冰上奇迹（此事发生于1980年在美国普莱西德湖城举行的冬奥会上。当时正值美苏两个超级大国的冷战时期。此前，苏联国家冰球队已连续四次捧走奥运会冠军奖杯。美国国家冰球队员们都是初出茅庐的小伙子，因此没有人看好年轻的美国队。然而，奇迹发生了！1980年2月22日，美国队在半决赛以4：3的比分战胜了苏联队，并在随后的决赛中战胜了芬兰队夺冠，上演了永垂体坛的一幕冰上神话——这支队伍被称为"冰上奇迹"队，至今仍为广大体育迷们所津津乐道。）

Мо́жет ли бойко́т Олимпи́йских игр в при́нципе быть опра́вданным? — рассужда́ют а́вторы. Да, счита́ют они́, приводя́ в ка́честве[4] приме́ра Игры 1936 в Берли́не. Одна́ко при всех свои́х недоста́тках Росси́я всё же не наци́стская Герма́ния, напомина́ют Ка́план и Айджел.

наци́стский 纳粹的

课文二 西方媒体："我们不应因斯诺登而抵制索契奥运会"（一）

如果俄罗斯向爱德华·斯诺登提供避难，那就应该抵制索契奥运会——共和党参议员林赛·格雷厄姆所提出的这一议案在英语（国家的）报刊上引起强烈反响。

《外交政策》杂志记者乔舒亚·基廷认为，这实在是一个糟糕的主意。

他在文章中说，对1980年莫斯科奥运会的抵制成了苏联宣传的胜利，同时也成为莫斯科作为回应抵制1984年洛杉矶奥运会的借口。因此，对索契奥运会进行抵制未必会更加有效。同时，考虑到美国公司为准备活动所投入的款项，抵制未必能够实现。

作者强调，但倘若认为抵制奥运会仍然可行，那就应当指出，要阻止美国奥林匹克运动队赴俄参加比赛，还有比是否交出斯诺登之争更为重要得多的理由。

在基廷看来，迫害反对派、打压非商业性组织、侵犯北高加索地区的人权、颁法禁止宣传同性恋，以及禁止美国公民收养俄罗斯孤儿，皆属此列。

纽约大学的亚瑟·卡普兰和李·伊格尔则写道，苏联和美国运动员之间的奥林匹克大对抗远比抵制的原因和后果更令人难忘，如：1972年的篮球赛金牌之争，抑或1980年的"冰上奇迹"。

能否证明抵制奥运会在大体上是正确之举？文章作者们各抒己见。有人以1936年柏林奥运会为例，认为是可以的。然而无论有多少缺点，俄罗斯毕竟不是纳粹德国——卡普兰和伊格尔这样提醒人们。

[4] в ка́честве кого́-чего́ 作为，以……资格（身份）

Текст 3 Западные СМИ: «Мы не должны бойкотировать Олимпиаду в Сочи из-за Эдварда Сноудена» (2)

Планка для бойкотирования Игр должна быть установлена очень высоко, говорится в статье. Угрожать бойкотом всякий раз, когда иностранное государство отказывается поступать так, как того хотят США — всё равно что [1] размахивать дипломатической ядерной бомбой, подводят итог [2] Каплан и Айджел. Для этих целей сгодится куда более [3] точное дипломатическое оружие.

Джеррит Тёль, автор статьи в Globe and Mail, озаглавленной «Российский антигейский закон расходится с олимпийскими ценностями. Должны ли мы бойкотировать Игры в Сочи?», настроен более решительно.

планка 尺度，标准；板条
размахивать сов. / размахнуть несов. 来回挥动，挥舞
антигейский 反同性恋的
настроенный 持……态度的，具有……倾向的
миссия 代表团，使团
депортировать сов. и несов. 把……驱逐出境
резюмировать сов. и несов. 总结，概括
повод 理由，借口

Законы других стран редко попадает в область интересов Канады, однако из-за принятия Россией закона о запрете пропаганды нетрадиционных сексуальных отношений канадцы должны всерьёз задуматься об участии в сочинской Олимпиаде-2014, говорится в статье.

Может ли Канада участвовать в Олимпиаде в стране, где бывшего главу её олимпийской миссии могут отправить в тюрьму за простое интервью, а спортсмена-гея депортировать за то, что тот поцеловал своего супруга после победы? — спрашивает автор.

В 1980 и 1984 году различные государства бойкотировали Игры в Москве и в Лос-Анджелесе по идеологическим причинам. Сегодня об идеологическом разделении речи не идёт. «Есть одно государство, поступающее неправильно, и страны, способные на него повлиять», — пишет Тёль.

«Мы оставили без внимания призывы отстоять канадские ценности, когда Игры проводились в Китае, — резюмирует он. — Нужно убедиться, что в этот раз у нас будет настоящая дискуссия по поводу [4] нашей позиции».

---

[1] всё равно что 相当于，无异于
[2] подвести итог 做总结，得出结论
[3] куда более 远比……更……
[4] по поводу чего 关于，有关

课文三 西方媒体:"我们不应因斯诺登而抵制索契奥运会"(二)

文章表示,为抵制奥运会所设定的门槛应该非常之高。每次当有其他国家拒绝按照美国的意愿行事的时候,动辄就以抵制相威胁,这如同在挥动外交原子弹——卡普兰和伊格尔总结道。为达到上述目标而使用精准的外交手段,这要有效得多。

《环球邮报》上有一篇题为《俄罗斯反同性恋法与奥运会价值背道而驰,我们是否要抵制索契奥运会》的文章,其作者赫里特·特尔的态度则更加强硬。

文章认为,尽管加拿大对其他国家的法律兴趣寡然,但由于俄罗斯通过了禁止宣传非传统性关系的法律,加拿大人应认真考虑是否要参加2014年索契奥运会。

一位前奥运会代表团团长就因一次普通的采访而被送进了监狱,一名同性恋运动员就因获胜后亲吻了一下自己的夫婿而被驱逐出境,加拿大能去这个国家参加奥运会吗?——作者质问道。

在1980年和1984年,各种不同的国家出于意识形态方面的原因抵制了莫斯科奥运会和洛杉矶奥运会。如今已不谈意识形态上的区别了。"如果一个国家做得不对,那么其他一些国家就可以对其施加影响。"特尔写道。

"当奥运会在中国举行的时候,我们没有对捍卫加拿大价值观的呼吁予以重视,应当确信,这次我们将就我们的立场进行认真的讨论。"特尔总结道。

КАК РАЗВИВАЕТСЯ СТОЛИЧНЫЙ МЕТРОПОЛИТЕН?
首都地铁是如何发展的？

метрополитéн [тэ] 地铁

Текст 1 — По темпам развития метрополитена Москва впереди планеты всей

— Сегодня работы ведутся на 150 площадках, на девяти линиях и 28 строящихся станциях. В строительстве занято свыше 35 тыс. человек, — заявил Сергей Собянин, открывая заседание Правительства.

Цифры действительно впечатляют. Столица ещё такого не видела. За три года введено 17,6 км новых линий и открыто восемь станций. Почти для миллиона москвичей метро стало доступным уже в этом году. Открытие станций «Лермонтовский проспект» и «Жулебино» снизило поток пассажиров на станции «Выхино» на 17%. «Ввод новых станций метро не только облегчил жизнь жителям «Жулебино» — это первый шаг в решении транспортных проблем для всего юго-востока города», — заявил Сергей Собянин. Сейчас ведётся подготовка к строительству станций Кожуховской линии. А к 2020 году для 90 процентов жителей столицы метро будет в шаговой доступности.

инфраструктура 基础设施
комплексный 综合的
градостроительство 城市建设
интеграция 一体化
стадия 阶段

«За год столичное метро перевозит свыше двух миллиардов человек. Вот почему развитие транспортной инфраструктуры столицы и комплексное решение транспортных проблем немыслимо без модернизации и развития метро», — продолжил тему заседания правительства заммэра по вопросам градостроительства Марат Хуснуллин.

«Мы изучили весь мировой опыт и пришли к выводу[1], что важнейшей задачей при строительстве метрополитена становится его интеграция с железными дорогами и разработка совместных проектов. Для осуществления программы развития метрополитена понадобится 330 площадок, на 150 из которых уже ведутся работы. Ещё 91 площадка находится в стадии освобождения. И действительно, сейчас по темпам развития метрополитена, мы идём впереди многих столиц мира».

---

[1] прийти к выводу 得出结论

课文一　莫斯科地铁发展速度领先全球

"目前,在9条线路、28个在建地铁站有150个工地都在进行修建工程,参加建设的人数超过3万5千。"谢尔盖·索比亚宁在(市)政府工作会议开场发言时表示。

上述数字的确令人印象深刻,这在首都是前所未有的。三年期间,有17.6公里的新线路交付运营,并开通了8个站点。就在今年又有近百万莫斯科人能够坐上地铁,"莱蒙托夫大街"和"茹列比诺"两个站点的开通,使"维希诺"站的客流量减少了17%。索比亚宁表示,"新地铁站的投入使用不仅方便了'茹列比诺'附近居民的生活,这也是解决整个城市东南地区交通问题的第一步。"现正在进行建设科茹霍夫线各站点的准备工作,到2020年,地铁对于首都90%的居民而言,只要走几步路即可到达。

"一年来,首都地铁运送旅客超过20亿人次,正因为如此,发展首都交通基础设施以及综合解决交通问题,没有现代化和地铁的发展是不可思议的。"负责市政建设问题的副市长马拉特·胡斯努林就政府工作会议的(这一)议题接着说道。

"我们研究了全世界的经验并得出了一个结论,地铁与铁路的一体化及其联合方案的制定,成为地铁建设中的一项极为重要的任务。为了实现地铁的发展规划,需要(开设)330个工地,其中有150个已在施工,还有91个处在清理阶段。的确,按地铁的发展速度来看,目前我们正走在世界各国诸多首都的前面。"

Текст 2   «К качеству работ мы применили более строгие требования»

Особое внимание обращается и на развитие Московской кольцевой железной дороги (МКЖД), и на создание транспортно-пересадочных узлов (ТПУ)[1]. На сегодняшний день МКЖД имеет 13 пересечений с линиями метро, ещё три запланировано в перспективе[2]. Предполагается создать 31 пересадочный узел на МКЖД, по 27 из которых уже проработаны градостроительные решения.

«По четырём ТПУ на сегодняшний день мы уже приступили к подготовке площадки и строительству — это «Алма-Атинская», «Новокосино», «Пятницкое шоссе», готовится проект в Котельниках», — сообщил Хуснуллин.

При таком объёме работ, плюс ко всему[3], ещё удаётся экономить огромные средства. Это ни много ни мало[4] 200 млрд рублей.

«За два года мы существенно пересмотрели все наши подходы к ценообразованию. Если в 2009-2010 годах объекты метрополитена стоили в среднем[5] 6 млрд 800 млн за 1 км, то сейчас цена всех сдаваемых станций не превышает 5 млрд, что позволяет экономить около 25% бюджетных средств».

пересечение	交叉（点）
предполагаться несов.	预计，打算
подход	处理方法，手段；态度
объект	工程，项目
превышать несов. / превысить сов.	超过
сказаться сов. / сказываться несов.	影响到
подсобный	辅助的
заложение	打地基
стандартизация	标准化
процедура	程序

На вопрос, за счёт чего удаётся экономить и не скажется ли это на качестве, Хуснуллин заявил: «Были пересмотрены проектные решения, сокращены площади подсобных помещений на станциях. Власти Москвы практически отказались от строительства станций глубокого заложения, так как они стоят в среднем на 2-3 млрд дороже. Большое внимание обращается также на стандартизацию процедур поставки стройматериалов и инженерных систем, а к качеству работ мы, наоборот, применили более жёсткие требования».

---

[1] транспортно-пересадочный узел (ТПУ) 交通换乘枢纽
[2] в перспективе 将来；往后
[3] плюс ко всему 此外（还）
[4] ни много ни мало 不多不少；正好 (常指大的数量)
[5] в среднем 平均
[6] за счёт чего 借助于，依靠

课文二 "我们采用了更加严格的工程质量标准"

　　莫斯科环城铁路的发展和交通换乘枢纽的建设受到特别重视。迄今,环城铁路与地铁线已有13个交叉点,计划还要再建三个。拟在莫斯科环城铁路上建设31个换乘枢纽,针对其中的27个已经制定出城市建设方案。

　　胡斯努林通报说,"目前我们已开始了4个换乘枢纽施工现场的准备及建设工作,这分别是'阿拉木图''新科西诺''皮亚特尼茨公路',还有一个在科捷利尼基——方案正在制定中。"

　　尽管工程量如此之大,仍还可以节约大笔资金,不多不少正好2000亿卢布。

　　"2年内我们从根本上修改了价格构成的全部方法,如果说2009—2010年地铁工程的平均造价为每公里68亿卢布,那么现在所有交付的地铁站的价格不超过50亿,这就可以节约25%左右的预算资金。"

　　靠什么节约了资金,这会不会影响质量——针对这一问题,胡斯努林表示:"修改了设计方案,缩小了地铁站上的辅助场所面积。莫斯科市政府实际上放弃了修建深基坑地铁站,因为其造价平均高出20–30亿卢布。对建筑材料供货程序和工程体系的标准化也予以重视,至于工程质量,恰恰相反,我们采用了更加严格的标准。"

Текст 3 К 2020 году 90% москвичей будет проживать в зоне пешей доступности метрополитена

пеший 徒步的，步行的
пункт 项，条
контур 环线，环形道
проложить сов. / прокладывать несов. 铺设
пик 高峰，顶点
тоннель [нэ] м. 隧道，地道

«Одним из важнейших пунктов программы развития метрополитена является строительство Третьего пересадочного контура (ТПК). Для его создания планируется проложить 58 км новых путей, построить 28 новых станций. Планируется, что пассажиропоток на ТПК составит 400 тыс. человек в час пик①. В стадии строительства сегодня находится участок ТПК от «Нижней Масловки» до станции «Хорошёвская» длиной 6,6 км с четырьмя станциями», — рассказал Марат Хуснуллин.

Кстати, этот участок планируется сдать в эксплуатацию② в 2015 году. Проект реализуется в соответствии с новыми стандартами проектирования, бо́льшая часть ТПК будет построена по европейским технологиям — единый тоннель, по которому будет проходить два поезда одновременно. Мировой опыт показывает, что подобная технология относится к числу③ наиболее безопасных. Это позволит сократить объём средств и площади, необходимые для строительства. До конца 2013 года также ожидается введение в эксплуатацию участка «Деловой центр» — «Парк Победы».

А к 2020 году обещание, что 90% москвичей будет проживать в зоне пешей доступности метрополитена, будет выполнено полностью.

课文三 到2020年90%的莫斯科人将居住在离地铁几步之遥的地区

马拉特·胡斯努林陈述道，"地铁发展规划中最重要的一项就是建设第三条换乘环线，为此计划铺设58公里新线路，建设28个新（地铁）站。按计划，高峰期第三换乘环线的客流量将为40万人次。第三换乘环线上从'下马斯洛夫卡'站至'霍罗舍夫斯卡娅'站设有4个站点，目前这一长达6.6公里的路段正处在建设阶段。"

顺便指出，这一路段计划于2015年交付运营，该项目按照新的设计标准实施。第三换乘环线的绝大部分都将按照欧洲技术建成，即一条隧道同时可通行两列机车。国际经验表明，类似技术是最为安全的。这可以减少资金数量和所需建筑面积。预计到2013年末从"实业中心"至"胜利公园"站的路段也将交付运营。

而到2020年，让90%的莫斯科人居住在离地铁几步之遥的地区——这一承诺可以完全实现。

---

① час пик 高峰期
② сдать что в эксплуатацию 将……交付使用
③ относиться к числу чего 属于……，是……之一

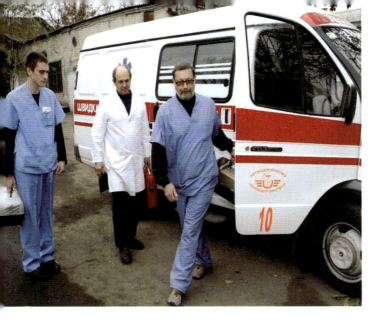

УРОК 4

О ВЫЗОВЕ СКОРОЙ МЕДИЦИНСКОЙ ПОМОЩИ
（如何）呼叫医疗急救车

Текст 1   Как вы́звать ско́рую по́мощь с моби́льного телефо́на?

Наве́рное, все россия́не зна́ют, что **03** — э́то телефо́н э́кстренной слу́жбы вы́зова ско́рой медици́нской по́мощи, но когда́ возника́ет необходи́мость вы́звать «ско́рую» с моби́льного телефо́на, мно́гие теря́ются, так как не зна́ют, как э́то сде́лать. Что́бы позвони́ть в слу́жбу ско́рой медици́нской по́мощи с моби́льного телефо́на со́товой компа́нии:

— **Била́йн (Gsm**[1]**)** ну́жно набра́ть **003** и́ли **030**;

— **МТС(Gsm)** набира́ем **030**;

— **Мегафо́н**[2] **(Gsm)** набира́ем **030303**.

Мо́жно набира́ть телефо́н э́кстренной слу́жбы по́мощи компа́нии со́товой свя́зи, и да́лее сле́довать руково́дству опера́тора (наприме́р, при соедине́нии

э́кстренный 紧急的

теря́ться несов./потеря́ться сов. 张皇失措；丢失

опера́тор 操作员，电话接线员

напряму́ю разг., нареч. 直接，径直

стихи́йный 自然的

сосу́дистый 血管的

не́рвный 神经的

брюшно́й 腹的

по́лость 腔，室

су́дорога 抽搐，痉挛

со ско́рой, набира́ют «3» и соединя́ются напряму́ю с ближа́йшей ста́нцией ско́рой по́мощи). Вы́зов осуществля́ется беспла́тно, и да́же в том слу́чае, е́сли[3] на ва́шем счёте нет де́нег.

Вызыва́йте ско́рую медици́нскую по́мощь в слу́чаях:

— при о́стрых заболева́ниях, кото́рые неожи́данно случи́лись до́ма, на у́лице и́ли в обще́ственных места́х;

— при возникнове́нии ма́ссовых катастро́ф и стихи́йных бе́дствий;

— при разли́чных несча́стных слу́чаях;

— е́сли есть при́знаки и сигна́лы, угрожа́ющие жи́зни челове́ка: наруше́ние де́ятельности серде́чно-сосу́дистой и центра́льной не́рвной систе́мы, а та́кже о́рганов дыха́ния, брюшно́й по́лости, су́дороги, кровотече́ние всех ви́дов;

---

[1] Gsm — Global System for Mobile communications 全球移动通信系统（世界上主要的蜂窝系统之一。）

[2] Била́йн（比莱恩）、МТС（Моби́льные ТелеСисте́мы）（移动电信系统）和Мегафо́н（梅加丰）——俄罗斯三大移动通信运营商的名称。其中，"比莱恩"是信号旗电信公司（«Вы́мпел-Коммуника́ции»）的注册商标，"移动电信系统"和"梅加丰"则是移动通信公司的名称。

[3] в том слу́чае, е́сли... книжн. 如果，假如……的话

— при ро́дах и наруше́ниях норма́льного тече́ния любо́го сро́ка бере́менности;

— к де́тям до 1 го́да по любо́й причи́не;

— при о́стрых психи́ческих расстро́йствах, опа́сных для жи́зни и здоро́вья окружа́ющих и больно́го. Если больно́й угрожа́ет, вме́сте со ско́рой ну́жно вы́звать поли́цию.

бере́менность 妊娠
психи́ческий 精神的
расстро́йство 失常，紊乱
поли́ция 警察；警察局

课文一　如何用手机呼叫急救车？

想必所有俄罗斯人都知道03是呼叫紧急医疗救护服务的号码，然而当需要用手机呼叫急救车的时候，许多人都不知所措，因为他们不知道该如何拨号。用手机拨打医疗急救服务，各移动通信公司的拨号方式如下：

"比莱恩(Gsm)"——拨打003或者030；

"移动电信系统(Gsm)"——拨打030；

"梅加丰(Gsm)"——拨打030303。

可以拨打移动通信公司的紧急求助服务电话，接通后就按接线员的指令去做（比如，与急救车进行连线时，拨"3"便直接接通最近的一个急救站）。呼叫是免费的，即使在您（手机）账户没有钱的情况下也可拨打。

您可以在下列情况下呼叫医疗急救车：

· 在家里、街上或公共场所突发急病时；

· 发生大规模灾难和自然灾害时；

· 发生各种不幸事故时；

· 出现有生命危险的征兆和信号时：心血管和神经中枢系统以及呼吸器官、腹腔等活动中止，发生抽搐以及各种出血情况；

· 出现分娩征兆，以及在孕期的任何一个阶段发生异常情况；

· 不满1岁的婴儿出现任何情况；

· 严重的心理失常危及到周围的人和患者（本人）的生命和健康安全时。（如果病人威胁到他人安全，在呼叫救护车的同时还应报警。）

> **Текст 2** Если «скорая» не спешит на помощь или отказывается выезжать на вызов?

Согласно статье 39 Основ законодательства РФ об охране здоровья граждан, любой человек, находящийся на территории России, имеет право на скорую медицинскую помощь, причём бесплатно и без предъявления каких-либо документов и медицинского полиса.

согласно *предл.*	依照，根据
полис	保险单
кодекс	法典
претензия	意见，要求
регион	区域，地区

Бывает так, что в вызове машины скорой помощи, работник службы «03» вам отказывает (например, такое случается при вызове скорой помощи для пожилых, тяжёлых больных), в таком случае позвоните в полицию по «02». В данной ситуации работник службы «03» в зависимости от конкретных условий, подпадает под статью 124 Уголовного кодекса❶ «Неоказание помощи больному» и статью 125 «Оставление в опасности» (до трёх лет лишения свободы). Обычно, дежурный полицейский сразу связывается со «скорой» по телефону и такой звонок становится серьёзным для работников службы скорой помощи.

Если ваш вызов принят, а скорая к больному не спешит (машины нет более получаса), перезвоните по «03» и сами напомните работнику «скорой», что промедление равноценно неоказанию помощи больному и оставлению в опасности ст. 124 и 125 УК. Если это не поможет — звоните в полицию (см. выше).

Бывают случаи, когда врачи службы скорой помощи предлагают заплатить за те или иные❷ лечебные мероприятия, уколы или лекарства, так как у вас нет медицинского полиса.

Знайте, это незаконно!

Если у вас есть претензии к работе бригады «скорой» — звоните по «03» и требуйте связать вас с главврачом или исполняющим его обязанности, дежурным врачом подразделения «скорой». Обычно, это даёт нужный результат.

Ещё можно пожаловаться на недобросовестную работу «скорой» по телефону «горячей линии» местных органов управления здравоохранением, который сейчас действует во многих регионах страны.

Будьте здоровы!

---

❶ подпадать/подпасть под …статью Уголовного кодекса 按刑法第……条治罪
❷ тот или иной 任何一个，无论哪一个

课文二　万一急救车没有及时赶往救助或拒绝出车呢？

根据《俄联邦公民健康保护立法纲要》第39条，俄罗斯境内的任何人均享有紧急医疗救护权，而且是免费的，无需出示任何证件及医疗保险单。

有时在叫急救车时遭到"03"（医疗站）工作人员的拒绝（例如，在为老年人和重病人叫急救车时，有时会有这种情况发生），遇到这种情况，您可拨打"02"报警。一旦出现这种现象，根据具体情形可对"03"（医疗站）工作人员按刑法第124条"未对病人施行救助"和第125条"见危不救"定罪（可判处三年以下徒刑）。通常值班警察会立即拨打电话联系医疗急救站，像这样的电话对急救站工作人员来说后果是严重的。

如果您的呼叫已被受理，但急救车没有及时赶往现场（过了半小时，汽车仍未到达），您可以再次拨打"03"，您本人也可提醒急救站工作人员，延误相当于刑法第124条和第125条所规定的未对病人施行救助以及见危不救。如果此举无效，可打电话报警（见上文）。

还会有这种情况发生，即急救站的医生要求（您）为这样或那样的治疗措施、注射或药物等付费，因为您没有医疗保险。

需知，这是不合法的做法！

如果您对急救小组的工作有意见，可拨打"03"，并要求接通主任医生或代理主任医生，以及急救部值班医生。这个办法通常会奏效。

还可以通过地方卫生保健管理机构的"热线"电话对急救站的敷衍塞责进行投诉，这个热线电话目前在俄罗斯许多地区都已开通。

祝您健康！

> **Текст 3** Каковы правила вызова скорой медицинской помощи?

1. Для того, чтобы бригада скорой помощи немедленно была направлена к больному, вызывающий «скорую» должен чётко ответить на заданные вопросы работника службы «03». После того, как нужная информация принята, работник обязан сообщить: «Ваш вызов принят», и назвать время приёма.

пункт 地点，居民点
изолировать сов. и несов. 隔离
необоснованно нареч. 没有根据地
уголовный 刑事的

2. В крупных городах (свыше 100 тысяч населения) «скорая» по правилам❶ должна приезжать в течение❷ 20 минут. Для других населённых пунктов нормативы прибытия «неотложки» Минздравом❸ не установлены, действует общее правило о том, что медпомощь должны оказывать срочно.

3. Желательно, чтобы❹ бригаду скорой помощи встречали у ворот дома. Если дома есть животные, их нужно изолировать.

Важно: если бригада скорой медицинской помощи специально была вызвана необоснованно, или был совершён антиобщественный поступок по отношению к❺ работникам вызванной бригады, то в соответствии с законами виновные могут быть привлечены к❻ административной или уголовной ответственности.

> **课文三** 医疗急救车呼叫须知

1. 为了迅速派出急救小组救治病人，"急救"呼叫人应清楚地回答"03"工作人员提出的问题。在获得所需信息后，工作人员应告知（呼叫人）——"您的呼叫请求已受理"，并报出受理时间。

2. 在大城市（居民超过10万人的城市）急救车按规定应在20分钟内到达现场。针对其他居民点，卫生部并未规定急救车到达的时间标准，通行的规则是应立即进行医疗救助。

3. 最好有人在家门口迎接急救小组，如果家里有动物，需予以隔离。

重要提醒：如果无正当理由拨打专线而导致医疗急救小组出诊，或者针对所呼叫的急救小组工作人员有危害社会的行为发生，那么依据相关法规可对肇事人追究行政或刑事责任。

---

❶ по правилам 按例，照规定
❷ в течение чего 在……期间
❸ Минздрав — Министерство здравоохранения РФ 俄联邦卫生部
❹ желательно, чтобы... 最好是……
❺ по отношению к чему 对于……（来说）
❻ привлекать/привлечь кого к чему 使受到（法律制裁等）；追究

урок 5

ОБНОВЛЕНИЕ БИЛЕТНОГО МЕНЮ НА ОБЩЕСТВЕННЫЙ ТРАНСПОРТ В МОСКВЕ
莫斯科公共交通票制改革

обновле́ние 更新，革新，改组

> **Текст 1** Пе́рвый и второ́й эта́п обновле́ния

Второ́й эта́п обновле́ния биле́тного меню́ на обще́ственный тра́нспорт начина́ется в Москве́: в прода́жу поступа́ют проездно́й «90 мину́т» и электро́нный кошелёк[1] «Тро́йка», це́ны на еди́ные биле́ты[2] округля́тся, а существу́ющие проездны́е приобрету́т но́вый диза́йн.

По мне́нию столи́чных власте́й, но́вые пра́вила должны́ повы́сить ка́чество обслу́живания пассажи́ров и привлека́тельность городско́го обще́ственного тра́нспорта, а та́кже сократи́ть о́череди в ка́ссы.

Пе́рвым эта́пом в формирова́нии но́вого ассортиме́нта проездны́х ста́ло внедре́ние 1 февраля́ 2013 го́да еди́ного биле́та, кото́рый позволя́ет оплати́ть прое́зд в метро́, авто́бусах, тролле́йбусах и трамва́ях. 5 февраля́ еди́ный биле́т приобретёт но́вый диза́йн — голубо́й цвет, кру́пную бе́лую бу́кву «Е» и логоти́пы ка́ждого ви́да обще́ственного тра́нспорта.

Кро́ме того́, знако́мый всем ТАТ — биле́т для прое́зда на назе́мном обще́ственном тра́нспорте (тролле́йбус, авто́бус, трамва́й) — с 5 февраля́ бу́дет продава́ться в двух цветовы́х тона́х.

проездно́й м., разг. 车票
кошелёк 钱包
округля́ться несов./ округли́ться сов.
　变成整数；变成圆形
диза́йн（工艺美术）设计，图案
ассортиме́нт 品种；一套，全套
внедре́ние 推广，运用
логоти́п 标识，徽标

> **课文一** 改革的第一和第二阶段

公共交通票制改革的第二阶段在莫斯科已经开始："90分钟"车票和"三套车"电子钱包开始出售，通票的价格将去零取整，而现行的车票将采用新的款式。

首都当局认为，新的规则应当提高为乘客服务的质量，增强市内公共交通的吸引力，并且能减少售票处的排队现象。

2013年2月1日推出的通票是形成这套新票系统的第一阶段，可以凭此票在乘坐地铁、公共汽车、有轨电车和无轨电车时进行付费。通票将于2月5日采用新的款式：淡蓝色，一个白色的大字母Е和每一种公共交通工具的标识。

此外，还有大家熟悉的"三通"票——乘坐地面公共交通工具(有轨电车、公共汽车和无轨电车)的车票——从2月5日起出售时会有两种色调。

---

[1] электро́нный кошелёк 电子钱包（电子商务活动中的一种支付工具，具有小额支付功能，可用于公共交通等领域。）
[2] еди́ный биле́т 通票（指可以乘坐公共汽车、无轨电车、有轨电车、地铁等市内交通工具的车票。）

Текст 2 — Округление стоимости и самый выгодный билет

Цены на единые проездные 5 февраля округлятся: так, билет на одну поездку будет стоить 30 рублей вместо сегодняшних 28 рублей, на две — 60 рублей вместо 56 рублей, на пять — 150 рублей вместо 135 рублей, на 20 поездок — 500 рублей вместо сегодняшних 520 рублей, на 60 поездок — 1,2 тысячи вместо сегодняшних 1,245 тысячи рублей. Кроме того, упраздняются билеты на 10 поездок за 265 рублей и вводятся билеты на 11 и 40 поездок за 300 и 1 тысячу рублей соответственно. Таким образом[1], пассажиры смогут сэкономить, покупая билеты на большее число поездок.

Срок действия билетов от четырёх до 60 поездок 5 февраля увеличивается до 90 дней.

упраздняться несов./ упраздниться сов. 废除，取消
соответственно 相应地
калькулятор 计算器

Проездной ТАТ на наземный общественный транспорт до 1 июля у водителя можно будет купить на две поездки за 50 рублей, а с 1 июля — только на четыре поездки за 100 рублей и на 40 поездок — за 700 рублей.

Москвичи могут уже сейчас выбрать подходящий вид билета на общественный транспорт с помощью тарифного калькулятора. По информации столичного департамента транспорта и развития дорожно-транспортной инфраструктуры, на специальном сайте www.troika.mos.ru можно узнать подробную информацию о каждом виде билета, подобрать себе с помощью тарифного калькулятора наиболее выгодный проездной, а также через форму обратной связи задать вопросы.

5 февраля все кассы московского метрополитена будут работать в усиленном режиме, а пассажиров по громкой связи[2] будут информировать о новых правилах. При этом больших очередей из-за обновления тарифного меню власти не ожидают.

---

[1] таким образом 这样一来，因此
[2] громкая связь 扬声器，扩音器

课文二 票价取整和最合算的车票

从2月5日起将对通票价格进行取整,即把目前的单次票价28卢布调整为30卢布,2次的票价56卢布调整为60卢布, 5次的票价135卢布调整为150卢布,20次的票价由目前的520卢布调整为500卢布,60次的票价由目前的1245卢布调整为1200卢布。此外还要取消可乘坐10次、价格为265卢布的车票,并启用可乘坐11次和40次、价格分别为300和1000卢布的车票。因此,乘客购买乘坐次数多一些的车票便可节省费用。

2月5日起,乘坐4至60次的车票有效期将延长至90天。

(至于)乘坐地面交通工具的"三通"票, 7月1日之前可向司机购买乘坐2次、50卢布的车票,而7月1日以后,只能购买乘坐4次、100卢布和乘坐40次、700卢布的车票。

莫斯科人现在就可以借助价格计算器选择合适的乘坐公共交通工具的车票种类。据首都交通和道路交通基础设施发展局提供的信息,通过www.troika.mos.ru专门网站可以查到每一种车票的详细信息,并可借助价格计算器为自己选择最合算的车票,而且还可以通过反馈的形式进行提问。

2月5日,莫斯科地铁的所有售票处将加大工作力度,还会通过广播向乘客通报新规则。因此,首都当局认为不会由于运价单的更新而出现排长队的现象。

Текст 3 Электро́нный кошелёк и биле́т «90 мину́т»

Москвичи́ с 5 февраля́ смо́гут приобрести́ себе́ электро́нный кошелёк под назва́нием «Тро́йка»: он представля́ет собо́й пла́стиковую ка́рту голубова́того то́на с идентификацио́нным но́мером и изображе́нием трёх лошаде́й в ви́де ру́сской тро́йки❶.

Электро́нный кошелёк мо́жно бу́дет попо́лнить че́рез ка́ссы метро́, смс-сообще́ния, платёжные и ба́нковские термина́лы, интерне́т, кио́ски печа́ти и́ли ба́нковскую ка́рту. Поку́пка проездно́го обойдётся в 100 рубле́й, из кото́рых 50 рубле́й — зало́говая сто́имость, её верну́т при сда́че ка́рты обра́тно в ка́ссу, и 50 рубле́й — первонача́льный бала́нс❷.

За ка́ждую пое́здку бу́дет спи́сываться фикси́рованный тари́ф в зави́симости от ви́да тра́нспорта: для метро́ — 28 рубле́й, для назе́много тра́нспорта — 26 рубле́й. Сто́имость прое́зда по электро́нному кошельку́ зафикси́рована до 2015 го́да.

Кро́ме того́, 5 февраля́ посту́пит в прода́жу биле́т «90 мину́т» све́тло-зелёного цве́та с изображе́нием часо́в, по кото́рому в тече́ние полу́тора часо́в мо́жно соверши́ть неограни́ченное число́ пое́здок на назе́мном тра́нспорте и одну́ — на метро́.

Цена́ за оди́н маршру́т с переса́дками соста́вит 50 рубле́й. При э́том семь ви́дов биле́та — чем бо́льше пое́здок (счита́ется по числу́ прохо́дов в метро́), тем они́ деше́вле: сто́имость биле́та на одну́ пое́здку соста́вит 50 рубле́й, на две — 100 рубле́й, на пять — 220 рубле́й, на 11 пое́здок — 450 рубле́й, на 20 пое́здок — 750 рубле́й, на 40 пое́здок — 1,5 ты́сячи рубле́й, а на 60 пое́здок — 1,8 ты́сячи рубле́й. Биле́т позво́лит пассажи́рам сэконо́мить от 6 до 19 рубле́й за ка́ждую пое́здку.

По мне́нию власте́й, «90 мину́т» бу́дет интере́сен тем, кто по́льзуется двумя́ и бо́лее ви́дами тра́нспорта при пое́здке из одно́й то́чки в другу́ю, и бу́дет вы́годным для тех, кто нахо́дится в Москве́ прое́здом.

Проездны́е на ме́сяц, кварта́л и год сохраня́ются и стано́вятся еди́ными проездны́ми на все ви́ды тра́нспорта.

пла́стиковый 塑料的
идентификацио́нный 识别的
попо́лнить сов. / пополня́ть несов. 补充，充值
смс-сообще́ние 短信
термина́л 终端
зало́говый 抵押的，押金的
бала́нс 差额；平衡
спи́сываться несов. / списа́ться сов. 销掉，注销，销账
фикси́рованный 固定的，规定的
тари́ф 运价，税率
маршру́т 路线，线路

❶ в ви́де *кого́-чего́* 以……形式，像……样子
❷ первонача́льный бала́нс 期初余额

课文三　电子钱包和"90分钟"车票

从2月5日起，莫斯科人可自购名为"三套车"的电子钱包，这是一张塑料卡：底色为淡蓝色，标有识别号，配有俄式三套车中三匹马的图案。

电子钱包可以在地铁售票口、书报亭，或通过手机短信、缴费和银行终端、互联网、银行卡进行充值。购买车票的费用为100卢布，其中50卢布为押金（在售票处办理退卡手续时予以返还），还有50卢布为期初余额。

每次乘车时，根据交通工具的种类将扣除所规定的运价：地铁——28卢布，地面交通工具——26卢布。用电子钱包支付的乘车价格到2015年保持不变。

此外，从2月5日起带有时钟图案的浅绿色"90分钟"车票将开始出售，在1个半小时内凭此票乘坐地面交通工具的次数不限，而且还可以乘坐一次地铁。

换乘线路的价格为50卢布，并且规定有7种车票，乘坐的次数越多（按乘坐地铁的次数计算）越便宜：乘坐1次的票价为50卢布，2次为100卢布，5次为220卢布，11次为450卢布，20次为750卢布，40次为1500卢布，而60次的票价为1800卢布。这种票可使乘客每乘一次车节约6—19卢布。

按（市政）当局的说法，从一处到另一处使用2种及更多交通工具的乘客对"90分钟"车票更感兴趣，这种票对途经莫斯科的外地人也很合算。

月票、季票和年票将继续保留，并成为可乘坐所有种类的交通工具的通票。

ПЯТЬ НАИБОЛЕЕ ЦЕННЫХ ПРОФЕССИЙ В 2014 ГОДУ
2014年最吃香的5大职业

> **Текст 1** **Некоторые специальности остаются актуальными долгое время**

Показатели безработицы в России, похоже, могут уйти из-под контроля. В Минэкономразвития[1] обещают рост количества безработных по отношению к экономически активному населению[2] в 2014 году с 5,8 до 5,9 процента. Казалось бы[3], прирост совсем небольшой, но эти цифры значат, что работу могут потерять до двухсот тысяч россиян.

Да и[4] не все профессии будут равнозначно ценными. Кому-то в любом случае[5] придётся «подвинуться» и уступить место под солнцем[6] другому человеку с более актуальной для нашей экономики специальностью. Для того чтобы россияне могли не «потеряться» на рынке труда, «Российская Газета» публикует список профессий, которые будут наиболее нужными в 2014 году. Пригодится он и тем, кто только планирует поступать в вуз, потому что некоторые специальности остаются актуальными довольно долгое время. Так, например, в 2013 году больше всего вырос спрос на рабочие профессии. Нужны

показатель м. 指数
безработица 失业
похоже вводн. 看来，似乎是
контроль м. 监控，检查，监督
публиковать несов. / опубликовать сов. 公布；刊载
сварщик 焊接工
электрик 电工，电气技术员
токарь м. 车工，旋工
монтажник 装配工，安装工
сегмент спец. 部分，区段，环节
лидер 领先者
рейтинг 排行榜
менеджер 经理

сварщики, электрики, токари, монтажники, техники. Повышенным спросом у руководителей предприятий пользовались специалисты по внешнеэкономической деятельности. В промышленном сегменте выросла необходимость в инженерах практически всех специализаций. К наиболее нужным профессиям также можно отнести неизменно лидера рейтингов — менеджера по продажам.

---

[1] Минэкономразвития — Министерство экономического развития Российской Федерации 俄罗斯联邦经济发展部
[2] экономически активное население 经济活动人口（指在一定年龄以上，有劳动能力，参加或要求参加社会经济活动的人口。包括就业人员和失业人员。）
[3] казалось бы вводн. 大概，看来，似乎
[4] да и разг. 而且，此外，何况
[5] в любом случае 在任何情况下，无论如何，不管怎么样
[6] место под солнцем 有阳光的地方（多指"安身立命之所"。这里指"有利的地位"，"优越的处境"。）

课文一 某些专业将会长期处于紧俏状态

俄罗斯的失业指数可能会失控，俄经济发展部预计2014年失业人口与经济活动人口比由5.8%增长到5.9%。看上去增长比例一点也不高，但这一数字却意味着近20万俄罗斯人可能会失去工作。

而且并非所有职业都将具有同等的价值。总会有人要"挪挪地儿"，把好位置让给另一个人，因为那人的专业对我们的经济更为重要。为了使俄罗斯人不会在劳动市场上"茫然不知所措"，《俄罗斯报》刊登了一份2014年最有需求的职业清单。这份清单也适用于那些正打算报考大学的人，因为某些专业将在相当长的时期内一直处于紧俏状态。例如，2013年需求量增长得最快的职业是工人，需要的是焊接工、电工、车工、装配工和技术工人。企业领导大量需求对外经济活动方面的专家，工业方面对几乎所有专业工程师的需求都有所增加。一向高居排行榜之首的销售经理也可列入最有需求的职业。

Текст 2. Какие профессии будут наиболее нужными?

Какие же профессии будут самыми популярными в 2014 году? Своим мнением и прогнозами на следующий год с нами поделилась[1] руководитель отдела аналитики рекрутингового портала Superjob.ru Валерия Чернецова.

1. Квалифицированные **рабочие**. Здесь речь идёт[2] в первую очередь[3] о сварщиках, токарях, мастерах по ремонту и электромонтажниках. Высокий спрос на эти специальности, да и на все рабочие профессии в целом[4], держится последние два года и не спадает. В этом сегменте в Москве можно заработать в среднем[5] 50 000 рублей.

2. **Врачи**. Врачей в России постоянно не хватает, поэтому рынок труда с радостью готов принять новых работников, при этом неважно, какой специализации. Нужны все. Больше всего платят стоматологам — средняя зарплата в Москве у них 80 000 рублей.

3. **Инженеры**. Отличные специалисты этого профиля тоже нужны всегда. И стагнация экономики и производства, которая наблюдалась в России в 2013 году, здесь совсем не мешает. Квалифицированные инженеры нужны рынку, как воздух, — и в производстве, и в строительстве. В Москве они получают в среднем 70 000 рублей.

аналитика	分析
рекрутинговый	招聘的
портал	网站
квалифицированный	有高级技术等级的，技能熟练的
стоматолог	口腔医生
профиль м.	专业
стагнация	停滞，不景气
программист	程序编制员，程序设计员
топ-менеджер	高级管理人员
холдинг	控股公司，持股公司
коммерческий	商务的

4. **Программисты**. Интерес рынка не ослабевает и к этим специалистам технического профиля. Они по-прежнему нужны. И что немаловажно — их не хватает. В Москве хороший программист может получать в среднем 90 000 рублей.

5. **Топ-менеджеры**. Речь идёт о руководстве высшего состава: генеральных директорах, директорах крупных холдингов, коммерческих директорах, менеджерах по развитию и по продажам. Хоть спрос на таких руководителей в последнее время несколько и снизился, однако они всё равно[6] остаются нужными и наиболее высокооплачиваемыми служащими. Зарплаты

---

[1] поделиться чем с кем 把……分给……（共同享用），把……告诉……，相互交流
[2] речь идёт о чём 所说的是……，所指的是……
[3] в первую очередь 首先
[4] в целом 整体上，大体上
[5] в среднем 平均
[6] всё равно 还是，仍然

говоря́т са́ми за себя́❼: в Москве́ топ-ме́неджеры зараба́тывают в сре́днем 220 000 рубле́й. Бо́льшая часть их дохо́да состои́т из пре́мий.

课文二 （未来一年）最需要哪些职业？

2014年最受欢迎的职业究竟有哪些呢？招聘网站Superjob.ru分析部主管瓦列里娅·切尔涅佐娃把她对下一年度的看法和预测告诉了我们。

1. 有专门技能的工人。这首先是指焊接工、车工、维修工和电气安装工。对这些专业，乃至对所有与工人有关的职业——亦即对整个行当，最近两年一直保持着较高的需求量，不会有下降的趋势。这一行业的人在莫斯科平均可以挣到50000卢布。

2. 医生。医生在俄罗斯长期处于短缺状态，因此劳动市场乐意接纳新的工作人员，而且何种专业并不重要，所有专业的医生都需要。薪酬最高的是口腔科医生，在莫斯科，他们的平均工资为80000卢布。

3. 工程师。这一行业的优秀专家也一直都是需要的。即便俄罗斯在2013年出现了经济和生产的萧条，这种情形也完全没有受到影响。专业水平高的工程师对市场而言就像空气一样是不可缺少的，——无论在生产还是在建设领域。在莫斯科，他们的平均工资为70000卢布。

4. 程序编制员。市场对这类技术特长专家的兴趣也一直没有减弱，他们依然是（市场）所需要的，而且相当重要的一点是，他们人手不够。在莫斯科，一名好的程序员平均可以拿到90000卢布。

5. 高级管理人员。这里指高层主管，如总经理、大型控股公司的经理、商务经理、发展和销售经理。尽管最近对这类主管的需求有所下降，但毕竟还是有需求的，而且他们仍是挣得最多的职员。有（他们的）薪水为证：在莫斯科，高级管理人员平均能挣220000卢布，他们大部分的收入为奖金。

---

❼ говори́ть сам(сама́,само́,са́ми) за себя́ 不用解释自然明白，不言自明

Текст 3 Эксперт даёт некоторые советы для студентов

Все эти профессии будут нужны в 2014 году. Но сегодняшним выпускникам школ надеяться только на них всё же не стоит. Ведь учиться придётся несколько лет. Тем, кто стоит перед выбором будущей специальности, советует Валерия Чернецова, лучше учитывать собственные интересы и способности, нежели пока ещё отдалённые для них перспективы трудоустройства. «Формирование специалиста не ограничивается только получением образования. Слишком быстро сейчас происходят изменения во всех областях, и ни одна система образования в мире не успевает отвечать на эти изменения. Для того чтобы оставаться нужным профессионалом, придётся учиться в течение всей жизни. Поэтому так важно выбирать ту специальность, к которой есть интерес», — говорит она.

эксперт 专家
нежели союз, устар. 比，较之
тенденция 趋势，倾向
обрести несов./ обретать сов., высок. 获得，得到

Но кое-какие тенденции на будущее видны уже сегодня. «Заметно снизилось число свободных мест для государственных служащих. Также менее нужными по итогам 2013 года стали менеджеры по закупкам автомобилей и деталей к ним, что связано со снижением продаж автомобилей в течение года», — перечисляет Чернецова.

Плохая новость для выпускников факультета журналистики: снизился спрос на журналистов печатных СМИ, поскольку рынок печатных СМИ остаётся в стагнации. Однако и спрос на специалистов в интернет-журналистике не вырос. «Можно добавить, что в связи с[1] перестройкой Академии Наук снизился спрос на научных сотрудников. Мало надежд, что в 2014 году произойдёт резкий рост спроса на эти специальности и они обретут популярность», — заявила в конце Чернецова.

---

[1] в связи с чем 由于，因为，鉴于

课文三 专家对大学生提出几点建议

　　所有这些职业在2014年都是有需求的，但目前的中学毕业生还是不用把希望仅仅寄托在这些职业上。因为他们还要学习好几年。瓦列里娅·切尔涅佐娃建议那些正面临选择未来专业的人与其关注暂且离他们还很遥远的就业前景，倒不如考虑一下自身的兴趣和能力。她说："要成为一名专家，不能仅限于获得教育。如今各行各业都在发生日新月异的变化，世界上没有哪一种教育体系总能顺应这些变化。为了成为一名一直被（社会所）需要的职业者，就必须终生学习。因此，选择自己感兴趣的专业就显得格外重要。"

　　不过，未来的某些发展趋势在今天就已经可以看到了。切尔涅佐娃列举道："国家公务员的空位数量明显减少。根据2013年的情况来看，鉴于全年汽车的销售量在下降，负责采购汽车及其零件的经理也不再那么有需求了。"

　　对新闻系毕业生有一个不好的消息：对纸质媒体记者的需求量有所下降，因为纸质媒体的市场还是一直不景气。不过，对网络新闻界专家的需求量也没有增长。切尔涅佐娃最后说："可以补充一点，由于（俄罗斯）科学院的改革，对科研人员的需求量有所下降。2014年对这些专业的需求量急剧上升，它们因而会成为热门职业——这种希望不大。"

ШУМЯТ СОСЕДИ.
ЧТО ДЕЛАТЬ?
邻居发出噪声，怎么办？

Текст 1   Пе́рвые шаги́ в борьбе́ за тишину́

Если по́сле 23:00 сосе́ди не прекрати́ли ремо́нт и́ли не уме́ньшили гро́мкость телеви́зора, пора́ их успоко́ить. Для нача́ла попро́буйте с ни́ми поговори́ть. Мо́жет быть, они́ не подозрева́ют, что так си́льно меша́ют окружа́ющим?

Если диало́г не состоя́лся, а преврати́лся в ссо́ру, то на по́мощь пора́ звать поли́цию.

Де́лаем звоно́к в ме́стное отделе́ние, представля́емся по́лностью (фа

зарегистри́ровать *сов.*/регистри́ровать *несов.* 注册, 登记
протоко́л (违章、违法等行为的) 记录
надзо́рный 监督的, 监察的
схе́ма 方案, 流程图, 线路图
перегово́р 通话
жа́лоба 申诉, 控告
прокурату́ра 检察院, 检察机关
наверняка́ *вводн., разг.* 肯定, 无疑, 当然

ми́лия, и́мя и о́тчество, а́дрес прожива́ния, телефо́н), сообща́ем информа́цию о шу́мных сосе́дях. Та́кже ну́жно сообщи́ть о том, что вы собира́етесь писа́ть заявле́ние «о наруше́нии тишины́ и поко́я гра́ждан в ночно́е вре́мя».

Представи́тели правоохрани́тельных о́рганов обя́заны вы́слать гру́ппу дежу́рных полице́йских, провести́ у́стную бесе́ду с наруши́телями тишины́, и приня́ть от вас заявле́ние. Обяза́тельно прове́рьте, что́бы все докуме́нты бы́ли зарегистри́рованы, и запиши́те себе́ их входя́щие номера́.

Зате́м на сосе́дей соста́вят протоко́л[1] и отпра́вят его́ в надзо́рный о́рган. На вино́вных вы́пишут штраф. Это идеа́льная схе́ма. Но учти́те, что в борьбе́ за тишину́ вас ждёт нема́ло сло́жностей.

Мо́жет быть и так, что в поли́ции вам не захотя́т помо́чь, объясни́в то, что ситуа́ция не са́мая плоха́я. Име́йте в виду́[2], что э́то незако́нно.

Ещё на эта́пе телефо́нных перегово́ров запиши́те фами́лию и до́лжность сотру́дника, кото́рый принима́ет ва́шу жа́лобу. Зафикси́руйте но́мер регистра́ции ва́шего обраще́ния. Скажи́те, что напи́шете пи́сьменную жа́лобу руково́дству отделе́ния и в прокурату́ру об отка́зе помо́чь по́сле ва́шего сообще́ния. По́сле э́того, наверняка́, ва́шу про́сьбу рассмо́трят бо́лее тща́тельно.

---

[1] соста́вить протоко́л на *кого́* 对某人（违章、违法等行为）做记录
[2] име́ть в виду́ 记住, 注意

课文一　争取安静（权）的最初步骤

　　如果邻居在23：00后还没有停止维修或没有调低电视音量，那就该让他们安静下来。可以先试着跟他们谈一谈，也许他们并未意料到自己已严重影响到周围的人。

　　如果对话（不仅）未果，反而演变成争吵，那就得叫警察来帮忙了。

　　可以给当地的（警察）分局打电话，（先）做一下自我介绍，说全个人信息（姓、名和父称，住址及电话），并反映邻居发出噪音的情况。同时还要告知您打算写一份"关于夜间扰乱公民宁静"的申诉。

　　执法机关的代表有义务派出一小组值班警察与扰乱安静的当事人进行口头谈话并受理您的申诉。所有文件都应该登记在案，对此请务必检查一下，并记下其收文编号。

　　然后，（警察）会对邻居违章情况做一份记录，并将它交给监察部门。违章者将被处以罚款。这是理想的处理方案。可要当心，在争取安静（权）的斗争中您会遇到不少麻烦。

　　或许还会出现这种情形：警察不愿帮您的忙，（推托）说情况还没那么糟糕。请注意，这是不合法的。

　　在通电话的时候您就要把受理您申诉的工作人员的姓名和职务记录下来，并记下您报警电话的登记号。您就说，您报警后一旦被拒助，便会就此向分局领导和检察院写份书面申诉。此后，他们肯定就会更加认真地对待您的请求了。

Текст 2 — Последние шаги в борьбе за тишину

Если посещение полицейских не принесло никаких результатов, пора обращаться в Прокуратуру с заявлением на бездействие полиции. В нём изложите проблему, укажите время и номера ваших обращений. После этого при подходящем случае можете смело повторить процедуру «успокоения» соседей.

Обращения в полицию будут более эффективными, если заявление будет коллективным — сразу от нескольких возмущённых жильцов.

процедура 程序，手续
возмущённый 愤怒的
изолятор 隔离室
замерить сов. /замерять несов., спец. 量，测量
исковой 起诉的，诉讼的
ущерб 损失
расход 费用
адвокат 律师
акт 证明，报告

С каждым разом суммы штрафов будут увеличиваться. А в случае[1] их неуплаты нарушителям грозит провести 15 суток в изоляторе временного содержания.

Также вы можете обратиться в Административную комиссию своего города или района. Если же причиной шума являются ремонтные работы, можно обратиться и в Роспотребнадзор[2]. Специалисты будут обязаны выехать на место и замерить уровень шумов. Из-за превышения установленных норм САНПина[3] соседям также будет выдан штраф.

Последний этап в борьбе за тишину — обращение в суд.

Для этого вам необходимо написать исковое заявление[4], в котором обстоятельно изложите проблему (обращение в полицию, прокуратуру и т.д.), а также ваши требования — восстановление общественного порядка, наложение штрафа на нарушителей покоя, а также возмещение Вам морального и материального ущерба (если таковой был) и расходов на адвоката.

Желательно, для этого иметь акт о превышении допустимого уровня шума в ночное время (его может составить полицейский, представители Роспотребнадзора или вашей управляющей компании), а также документы подтверждающие, что вы понесли моральный или материальный ущерб. Например, заключение врача о том, что у вас поднялось давление из-за шума и т.д. Другие соседи могут также быть свидетелями в суде.

Удачи вам в борьбе за тишину!

---

[1] в случае чего 如果……，一旦……；在……情况下
[2] Роспотребнадзор — Федеральная служба по надзору в сфере защиты прав потребителей и благополучия человека 俄罗斯联邦消费者权益及公民平安保护监督局
[3] САНПин — Санитарные правила и нормы 卫生条例和标准
[4] исковое заявление 起诉书

课文二　争取安静（权）的最后措施

　　如果警察来过了，但却没有任何结果，那就得向检察院提交警察不作为的申诉了。申诉中您要把问题说清楚，并指明时间和您的报警登记号。之后，您就可以在适当的时候勇敢地再次启动让邻居"安静下来"的程序。

　　如果是集体申诉——由好几位愤愤不平的住户一起申诉，则报警会更加有效。

　　每次罚款的数额会不断增加，如果不缴纳罚款，违章者将面临拘留15天（的处罚）。

　　您还可以向市、区行政委员会提出交涉。如果噪声产生原因是维修作业，那还可以向俄消费者权益及公民平安保护监督局提出交涉。（监督局的）专家有义务赶赴现场并测量噪声等级。如果（噪声）超过《卫生条例和标准》规定的标准，也会对邻居开出罚单。

　　争取安静（权）的最后一步是向法院起诉。

　　为此您必需写起诉状，一定要对此事做出详细交代（报警、向检察院申诉等等），并提出您的要求，如恢复社会秩序，对扰乱安宁的当事人处以罚款，以及赔偿您的精神和物质损失（如果有的话）和律师费。

　　为此，最好有一份超过夜间所允许的噪声等级的证明（可以由警察、俄消费者权益及公民平安保护监督局人员或您所在住房管理公司出具），以及能证明您遭受精神或物质损失的文件，如医生出具的关于噪声导致您血压升高等的诊断书等。其他邻居也可以出庭作证。

　　祝您在争取安静（权）的斗争中获得成功！

Текст 3. Когда шуметь нельзя?

Почти всем знакомая ситуация… У соседей — день рождения с караоке, а вам завтра на работу. Или сосед с золотыми руками[1] не успел доделать ремонт днём и в час ночи за стенкой работает дрель. Вариантов много, когда шумят соседи, мешают спать, но не все знают, что для неуважающих чужой сон соседей установлена административная ответственность.

дрель ж. 钻孔机
регулировать несов. и сов. 调解, 调节, 调整
инструментарий 整套办法; 全套工具
въедливый 好挑剔的, 吹毛求疵的
эквивалентный 相等的, 等效的
усреднённый 取中的, 取平均值的
устройство 设备, 装置
мелкорозничный 小型零售的
вибрация 振动, 振颤, 振荡

Нормативные документы разделяют проблему шума в помещениях на ночную (с 23.00 до 7.00) и дневную часть (с 7.00 до 23.00). Основным документом, регулирующим вопросы шума в зданиях и помещениях на территории РФ, является СНиП[2] 23-03-2003 «Защита от шума». То есть фактически имеется инструментарий для защиты права граждан на тишину (или на отдых). Однако в силу[3] особенностей знания своих прав на нормативные документы обращают внимание только знающие и «въедливые» граждане.

С 7.00 до 23.00 шум в помещении от внешних источников не может быть больше величины, установленной в правилах. Так в жилой комнате эквивалентный уровень шума (т.е. усреднённый за некоторое время) не должен днём превышать 40 дБА[4], а с 23:00 до 07:00 – 30 дБА.

«Нарушение тишины и покоя граждан в ночное время (с 23 до 7 часов по местному времени), в том числе использование телевизоров, радиоприёмников, магнитофонов, иных громкоговорящих устройств на повышенной громкости, а равно[5], использование указанных устройств, установленных на транспортных средствах, объектах мелкорозничной торговли, крики, свист, пение, игра на музыкальных инструментах, производство разрешённых работ по ремонту и перепланировке жилых и нежилых помещений в жилых домах, создающих повышенный шум и (или) вибрацию, совершение иных действий, кото-

---

[1] золотые руки (一双) 巧手; 能工巧匠
[2] СНиП — строительные нормы и правила 建筑标准与法规
[3] в силу чего 由于
[4] дБА — децибел 分贝
[5] а равно книжн. 以及

рые ведут к⁶ нарушению тишины и покоя граждан, кроме проведения аварийных, спасательных работ, иных неотложных работ, необходимых для обеспечения безопасности граждан либо функционирования объектов жизнеобеспечения населения, действий, совершаемых при отправлении религиозных культов в рамках⁷ канонических требований соответствующих организаций, а также проведения культурно-массовых мероприятий, разрешённых органами государственной власти или органами местного самоуправления, — влечёт наложение административного штрафа:

- на граждан в размере от одной тысячи до трёх тысяч рублей;
- на должностных лиц⁸ — от трёх тысяч до пяти тысяч рублей;
- на юридических лиц⁹ — от сорока тысяч до восьмидесяти тысяч рублей».

функциони́рование 运行，运作
культ 祭仪，祭祀仪式
канони́ческий 合乎规范的，合理的
влечь несов. 引起，招致
наложе́ние 处以，加以
должностно́й 职务上的
юриди́ческий 法律的

⑥ вести́ к чему́ 导致……（结果）
⑦ в ра́мках чего́ 作为……的一部分；在……范围内
⑧ должностно́е лицо́ 官员；负责人员
⑨ юриди́ческое лицо́ 法人

课文三 什么时候不能发出噪声？

几乎所有的人都经历过这种情形：邻居过生日唱卡拉OK，而您明天却要上班；或者有一双巧手的邻居白天没来得及装修完，便在夜里1点钟用电钻打墙洞。邻居发出噪声、影响睡眠的情形多种多样，但并不是所有的人都知道，依照规定，拿别人睡眠不当回事的邻居是需要承担行政责任的。

规范性文件将室内噪音问题划分为夜间（23：00—7：00）和昼间（7：00—23：00）两部分。俄联邦境内房舍噪声管制问题的主要文件是《建筑标准与法规》23-03-2003号《噪声防治法》。也就是说，实际上有着一整套办法用来保护公民的安静权（或休息权）。但鉴于对自身权利的了解有着一定的特殊性，只有那些很内行和"好挑剔的"公民才会注意到（这些）规范性文件。

7：00至23：00之间，来自外部的室内噪声不得超过规定值，例如，居室噪声当量（即某段时间的平均值）白天不应超过40分贝，而23：00至7：00之间不得超过30分贝。

"对夜间（当地时间23：00—7：00）扰乱公民宁静，其中包括以高音量使用电视机、收音机、录音机和其他扩音设备，以及使用安装在交通工具和小型零售商业设施上的上述装置设备，叫喊，吹口哨，唱歌，弹奏乐器，经许可在民宅内对住房和非住房进行维修和改建而致使噪声超标并（或）引起振动，及导致公民宁静（权）受到侵害的其他行为——处以行政罚款（事故救援作业和为保障公民安全或居民生活设施正常运行所必需的其他应急作业，在举行作为相关组织教规要求的一部分的宗教祭祀仪式时所进行的各种活动，以及经国家权力机关和地方自治机关批准而举办的各种群众文化活动除外）：

对公民处以1000至3000卢布的罚款；

对官员处以3000至5000卢布的罚款；

对法人处以4000至8000卢布的罚款。"

ДОХОДЫ И ЛЬГОТЫ ВЫСОКОПОСТАВЛЕННЫХ ЧИНОВНИКОВ
高层官员的收入及（享有的）优待

льго́та 优惠，优待
высокопоста́вленный 居高位的，高层的
чино́вник 官员

имущество	财产
премьер	总理
округ	区
советник	顾问
лимузин	加长轿车
ресурсы мн.	资源
экология	生态

Текст 1. Доходы Кремля и Белого дома

Доходы чиновников администрации президента и правительства и их супруг за 2011 год, руб. (Некоторые транспортные средства и иное имущество, принадлежащие чиновникам и их семьям.)

Президент и премьер			
Президент		**Председатель правительства**[1]	
Дмитрий Медведев	3371353	Владимир Путин	3661765
Светлана Медведева	—	Людмила Путина	443034
ГАЗ[2]-21		ГАЗ-21	
Самые богатые чиновники и супруги чиновников			
Зампред правительства, полпред[3] президента в Северо-Кавказском федеральном округе			
Александр Хлопонин	484014080		
Наталья Хлопонина	4802619		
Harley-Davidson FLSTF			
Советник президента		**Первый заместитель председателя правительства**	
Михаил Абызов	98808393	Игорь Шувалов	9606588
Екатерина Сиротенко	341400	Ольга Шувалова	364964747
Robinson 44		Лимузин ЗИЛ[4]-41047	
Полпред президента в Приволжском федеральном округе		**Министр природных ресурсов и экологии**	
Михаил Бабич	1906639	Юрий Трутнев	211612323
Супруга	71108215	Марина Трутнева	
		Maserati Gran Turismo S	

[1] председатель правительства 政府主席（俄罗斯联邦政府主席是俄罗斯总理的正式称谓。）
[2] ГАЗ 嘎斯（该词是Горьковский автомобильный завод<高尔基汽车厂>缩略形式。这里指该厂生产的"嘎斯"牌汽车。）
[3] Полпред — полномочный представитель 全权代表
[4] ЗИЛ 吉尔（该词是Московский автомобильный завод имени И.А. Лихачёва<莫斯科利哈乔夫汽车厂>缩略形式。这里指该厂生产的"吉尔"牌汽车。）

Помо́щник президе́нта			Замести́тель председа́теля прави́тельства		
	Оле́г Ма́рков	45535622		Владисла́в Сурко́в	5010071
	Хо́лост			Ната́лия Дубови́цкая	125205165
Помо́щник президе́нта					
	Арка́дий Дворко́вич	4007711			
	Зумру́д Руста́мова	45460384			
Са́мые бе́дные чино́вники					
Президе́нт			Председа́тель прави́тельства		
	Дми́трий Медве́дев	3371353		Влади́мир Пу́тин	3661765
	Светла́на Медве́дева	—		Людми́ла Пу́тина	443034
Помо́щник секретаря́ сове́та безопа́сности			Мини́стр иностра́нных дел		
	Влади́мир Заверши́нский	2079024		Серге́й Лавро́в	3451007
	Супру́га	3145329		Мари́я Лавро́ва	336378
Рефере́нт президе́нта			Мини́стр энерге́тики		
	Ната́лья Криво́ва	2046251		Серге́й Шматко́	3325086
	Не за́мужем			Еле́на Шматко́	—
	Кварти́ра 135,5м² (по́льзование), 2×1/2 до́ли кварти́р пло́щадью 135,5 м²			Porsche Cayenne	
Помо́щник секретаря́ сове́та безопа́сности			Мини́стр регина́льного разви́тия		
	Алекса́ндр Гребёнкин	1964855		Ви́ктор Баса́ргин	3060947
	Супру́га	3199223		Любо́вь Баса́ргина	301640
Помо́щник секретаря́ сове́та безопа́сности			Мини́стр свя́зи и ма́ссовых коммуника́ций		
	Михаи́л Попо́в	1871318		И́горь Щёглев	2892810
	Хо́лост			Ри́мма Щёглева	479487

холосто́й 独身的
рефере́нт 文秘
энерге́тика 能源
региона́льный 区域的
коммуника́ция 联络，传播，传媒

课文二 克里姆林宫和白宫官员的收入

2011年总统办公厅和政府办公厅官员及其配偶的收入（单位：卢布）

（包括这些官员及其家庭的交通工具和其他财产）

总统和总理				
总统			政府主席	
	德米特里·梅德韦杰夫	3371353		弗拉基米尔·普京	3661765
	斯维特兰娜·梅德韦杰娃	—		柳德米拉·普京娜	443034
	嘎斯-21型（汽车）			嘎斯-21型（汽车）	
最富有的官员及官员配偶				
政府副主席、总统驻北高加索联邦区全权代表				
	亚历山大·赫洛波宁	484014080			
	纳塔利娅·赫洛波宁娜	4802619			
	哈雷戴维森FLSTF型（摩托）				
总统顾问			政府第一副主席	
	米哈伊尔·阿贝佐夫	98808393		伊戈尔·舒瓦洛夫	9606588
	叶卡捷琳娜·西罗坚科	341400		奥莉加·舒瓦洛娃	364964747
	罗宾逊44型（直升机）			吉尔-41047加长轿车	
总统驻伏尔加河沿岸联邦区全权代表			自然资源和生态部长	
	米哈伊尔·巴比奇	1906639		尤里·特鲁特涅夫	211612323
	其夫人	71108215		玛丽娜·特鲁特涅娃	
				玛莎拉蒂Gran Turismo S型（跑车）	
总统助理			政府副主席	
	奥列格·马尔科夫	45535622		弗拉季斯拉夫·苏尔科夫	5010071
	单身			纳塔利娅·杜博维茨卡娅	125205165

	总统助理				
	阿尔卡季·德沃尔科维奇	4007711			
	祖姆鲁德·鲁斯塔莫娃	45460384			
最穷的官员					
	总统			政府主席	
	德米特里·梅德韦杰夫	3371353		弗拉基米尔·普京	3661765
	斯维特兰娜·梅德韦杰娃	—		柳德米拉·普京娜	443034
	安全委员会秘书			外交部长	
	弗拉基米尔·扎韦尔申斯基	2079024		谢尔盖·拉夫罗夫	3451007
	其夫人	3145329		马丽娅·拉夫罗娃	336378
	总统文秘			能源部长	
	纳塔利娅·克里沃娃	2046251		谢尔盖·什马特科	3325086
	未婚			叶列娜·什马特科	—
	住房：135,5м²（使用权） 2套住房的各一半，面积为135,5 м²（所有权）			保时捷卡宴（跑车）	
	安全委员会秘书助理			地区发展部长	
	亚历山大·格列比翁金	1964855		维克托·巴萨尔金	3060947
	其夫人	3199223		柳博芙·巴萨尔金娜	301640
	安全委员会秘书助理			通信与大众传媒部长	
	米哈伊尔·波波夫	1871318		伊戈尔·肖格列夫	2892810
	单身			里马·肖格列娃	479487

Текст 2. Федеральный закон о государственной охране

Глава II. Объекты государственной охраны

Статья 6. Объекты государственной охраны

К объектам государственной охраны относятся❶ Президент Российской Федерации, определённые настоящим Федеральным законом лица, замещающие государственные должности Российской Федерации, федеральные государственные служащие и иные лица, подлежащие государственной охране в соответствии с настоящим Федеральным законом, а также главы иностранных государств и правительств и иные лица иностранных государств во время пребывания на территории Российской Федерации.

опубликование 颁布，公布
совместно нареч. (与……) 一起，(与……) 共同

Статья 7. Предоставление государственной охраны президенту Российской Федерации

1. Президенту Российской Федерации со дня официального опубликования общих результатов выборов Президента Российской Федерации предоставляется государственная охрана в полном объёме❷ мер, предусмотренных статьёй 4 настоящего Федерального закона. Президент Российской Федерации в течение срока своих полномочий не вправе отказаться от государственной охраны.

2. Президенту Российской Федерации, прекратившему исполнение своих полномочий, государственная охрана предоставляется в соответствии с федеральным законодательством.

3. В течение срока полномочий Президента Российской Федерации государственная охрана предоставляется членам его семьи, проживающим совместно с ним или сопровождающим его.

Статья 8. Предоставление государственной охраны лицам, замещающим государственные должности Российской Федерации

Государственная охрана предоставляется следующим лицам, замещающим государственные должности Российской Федерации:

Председателю Правительства Российской Федерации;

Председателю Совета Федерации Федерального Собрания Российской Федерации;

Председателю Государственной Думы Федерального Собрания Российской Федерации;

Председателю Конституционного Суда Российской Федерации;

Председателю Верховного Суда Российской Федерации;

---

❶ относиться к чему 属于，被列入
❷ в полном объёме 全面，充分，全部

Председа́телю Вы́сшего Арбитра́жного Суда́ Росси́йской Федера́ции;

Генера́льному прокуро́ру Росси́йской Федера́ции;

Председа́телю Сле́дственного комите́та Росси́йской Федера́ции.

Ука́занным ли́цам госуда́рственная охра́на предоставля́ется в тече́ние сро́ка их полномо́чий.

арбитра́жный 仲裁的
прокуро́р 检察长
сле́дственный 调查的，侦查的

课文二 （俄）联邦国家保卫法

第二章 国家保卫的对象

第6条 国家保卫的对象

属于国家保卫对象的有俄罗斯联邦总统、本联邦法规定的担任俄罗斯联邦国家职务的人员、根据本联邦法应予保卫的联邦国家公务员及其他人员，以及位于俄罗斯联邦境内的外国元首和政府首脑及其他外国人员。

第7条 对俄罗斯联邦总统提供国家保卫

1. 自俄罗斯联邦总统选举的总结果正式公布之日起即对俄罗斯联邦总统提供本联邦法第4条规定的国家全面保卫措施。俄罗斯联邦总统在其任期内无权拒绝国家保卫。

2. 对停止履行其职权的俄罗斯联邦总统根据联邦法律的规定提供国家保卫。

3. 在俄罗斯联邦总统任期内对与其共同居住或与其相伴的家庭成员提供国家保卫。

第8条 对担任俄罗斯联邦国家职务的人员提供国家保卫

对担任俄罗斯联邦国家职务的下列人员提供国家保卫：

俄罗斯联邦政府主席；

俄罗斯联邦会议联邦委员会主席；

俄罗斯联邦会议国家杜马主席；

俄罗斯联邦宪法法院院长；

俄罗斯联邦最高法院院长；

俄罗斯联邦最高仲裁法院院长；

俄罗斯联邦总检察长；

俄罗斯联邦调查委员会主席。

对上述人员在其任期内提供国家保卫。

страхова́ние 保险
полага́ться несов. 应该（有，得，给）
гри́вна 格里夫纳（乌克兰货币单位）
о́фис 办公室
кне́ссет （以色列）议会，国会
фина́нсовый 财政的，金融的

Текст 3 Льго́ты бы́вших высокопоста́вленных чино́вников в Росси́и и други́х стра́нах ми́ра

Льго́ты и вы́платы пе́рвому президе́нту Росси́и Бори́су Ельцину обходи́лись стране́ в 7,2 млн. рубле́й (о́коло 280 тыс. до́лларов) в год. Это медици́нское и санато́рно-куро́ртное обслу́живание, госуда́рственное страхова́ние жи́зни и здоро́вья, пожи́зненное по́льзование госда́чей, по́льзование VIP-за́лами в аэропо́ртах и вокза́лах, содержа́ние помо́щников.

Пе́рвому президе́нту Украи́ны Леони́ду Кравчуку́ полага́ются автомоби́ль, госда́ча, 4 охра́нника и води́тель. Коне́чно, пе́нсию Кравчу́к получа́ет большу́ю — о́коло 15 ты́сяч гри́вен. Но не как бы́вший президе́нт, а как бы́вший наро́дный депута́т.

Есть льго́ты у бы́вших глав госуда́рств и в развиты́х стра́нах. Наприме́р, в Изра́иле по́мощь от госуда́рства получа́ют не то́лько бы́вшие президе́нты, но и бы́вшие премье́ры и мини́стры. Пра́вда, е́сли ра́ньше госуда́рство пожи́зненно опла́чивало им содержа́ние до́ма (служе́бной кварти́ры), о́фиса, охра́ны и автомаши́ны, то по́сле того́ как кне́ссет при́мет рекоменда́ции свое́й фина́нсовой коми́ссии, э́ти льго́ты бу́дут уре́заны до 7 лет по́сле президе́нтского поста́ и 5 лет по́сле премье́рского (кро́ме того́, премье́ры по́лностью потеря́ют опла́ту о́фиса и автомоби́ля).

Се́мьи бы́вших президе́нтов США име́ют пра́во на госуда́рственную охра́ну. Кро́ме того́, им устана́вливается «президе́нтская пе́нсия». Последний президе́нт США на пе́нсии Билл Кли́нтон получа́ет в год 157 тыс. до́лларов.

课文三 俄罗斯及其他国家前任高官（所享有）的优待

国家每年为俄罗斯联邦第一任总统鲍里斯·叶利钦所提供的优待及拨付的款项为720万卢布（约28万美元），其中包括医疗和疗养服务、人寿与健康的国家保险、国家别墅的终身使用、机场和火车站贵宾室的使用及其助理的薪水。

乌克兰第一任总统列昂尼德·克拉夫丘克应享有（配）一部汽车、一栋国家别墅、四名警卫和一名司机（的待遇）。当然，克拉夫丘克还领取约1万5千格里夫纳的一大笔退休金，但这不是作为前总统，而是作为前人民代表享有的退休金。

发达国家的前任国家元首也有优待。例如，在以色列不仅前任总统，而且前任总理和部长们都得到国家的帮助。不过，如果说以前国家向这些人终身支付住房（公务住宅）、办公室、警卫人员及汽车的各项费用的话，那么，自议会通过财政委员会的建议后，总统和总理享受这些优待的期限分别将削减至卸任后的7年和5年（此外，也完全不再为总理承担办公室和汽车的费用）。

美国前任总统的家庭享有国家保卫的权利，此外，按规定他们还有"总统退休金"。最近一位美国退休总统比尔·克林顿每年的退休金为15万7千美元。